KYNOS KLEINE HUNDEBIBLIOTHEK

PUDEL

KYNOS VERLAG Mürlenbach

KYNOS KLEINE HUNDEBIBLIOTHEK

Groß-, Klein-, Zwerg-, Toy-
PUDEL

Jackie Ransom

Fotos von Marc Henrie

INHALTSVERZEICHNIS

IMPRESSUM

Helga Fleig
Am Remelsbach 30
D-5537 Mürlenbach/Eifel
Telefon: 0 65 94/653

ISBN-Nr. 3-924008-58-2

AUTOR

Jackie Ransom hat viele Pudel gezüchtet, die im Ausstellungsring außerordentlich erfolgreich waren. Sie ist Mitglied des Kennel Clubs und des Komitees für Rassestandards und Zuchtbuchfragen in England. Weltweit hat sie zahlreiche Artikel für verschiedene Magazine verfaßt, seit 1974 schreibt sie die Zuchtnotizen für »Dog World«, die größte Hundezeitung Englands.

Seit ihrer ersten Richtertätigkeit im Jahre 1965 erreichten Jackie Ransom zahlreiche Einladungen zum Richten, sowohl aus dem United Kingdom wie aus vielen anderen Ländern der Welt. Mehrfach richtete sie Crufts Dog Show, wurde vom Kennel Club zur Richterin in der Toy Group ernannt, ebenso zur CC-Richterin in den Working und Utility Groups.

Jackie Ransom hat beim Bichon Frisè in Zucht, Ausstellung und eigener Richtertätigkeit einmalige Erfolge erzielt.

Sie lebt in Wembley Park nahe London, dort hat sie eine ausgezeichnete Bibliothek von historischen Büchern, Schriften, Karten und Stichen aufgebaut.

ZUM GELEIT

Jackie Ransom, eine außerordentlich erfolgreiche Züchterin und erfahrene Richterin der Rasse Pudel, hat dieses in mehrfacher Hinsicht bemerkenswerte Rasseportrait gezeichnet, und der Kynos-Verlag macht es mit der Übertragung aus dem Englischen einem breiten deutschsprachigen Leserkreis zugängig.

Von der Historie bis zum Thema Ausstellung erfährt der Leser in prägnant gegliederten Abschnitten alles, was der Neuling über diese liebenswerte Rasse wissen sollte, doch auch der bereits Erfahrene findet gute und nützliche Hinweise zum Thema Zucht, Welpenauswahl, Pflege, tierärztliche Fürsorge und Ausstellungstraining. Die rassespezifischen gesundheitlichen Probleme, die Erbkrankheiten werden dabei nicht umgangen. In jedem Kapitel spürt man die allgemein-kynologische große Sachkenntnis der Autorin, aber auch ihre uneingeschränkte Liebe zum Pudel. Das reichhaltige begleitende und erklärende Skizzen- und Bildmaterial ist exzellent und läßt das Herz eines jeden Pudelliebhabers höher schlagen, wobei sich Besucher der Cruft's Dog Show besonders an den Fotos des Superstars »Montravia Tommy Gun« im Stand und in Bewegung erfreuen werden. Unschwer erkennt man, daß hier ein Profi am Werke war.

Für die deutsche Ausgabe wurden der Standard und die Schur den FCI-Bestimmungen entsprechend abgewandelt, womit dem Leser auf dem Kontinent bestmögliche brauchbare Information vermittelt wird.

Den Verlegern möchte ich eine glückliche Hand bei der Auswahl des Buches für die deutsche Übersetzung bescheinigen. Ich bin überzeugt, daß dieses Rassenportrait eine Bereicherung für die Literatur über den Pudel darstellt, und daß es eine große und dankbare Leserschaft finden wird.

Dr. Ingeborg Haßlinger

Seit mehr als 30 Jahren sind Pudel meine Lebensgefährten. Ich habe sie gezüchtet, ausgestellt und insbesondere mit ihnen gelebt. Während dieser ganzen Zeit habe ich viele Bücher über den Pudel gelesen, einige geschichtliche Werke, einige praktische, einige Anleitungen über Trimmen und Pflege.

Dieses Buch von Jackie Ransom ist eine erfrischende Abwechslung. Die Autorin hat eine besondere Liebe und viel Wissen um Hunde im allgemeinen, dies kommt insbesondere in den Kapiteln über die Fürsorge für den Junghund wie den erwachsenen Pudel, aber auch über die Welt der Hundeausstellung zum Ausdruck. Wer immer daran denkt, sich einen Pudel zu kaufen – als Familienhund wie auch für die Hundeausstellung – aber auch all diejenigen, die schon einen Pudel haben, ja selbst erfahrene Pudel-Liebhaber werden in diesem Buch eine Fülle von interessanten Informationen finden. Jackie Ransom präsentiert ihr Wissen in einem leicht verständlichen, angenehmen Stil, mit viel Verständnis und Liebe zum Pudel.

Das Lesen dieses Buches hat mir viel Freude bereitet und ich bin ganz sicher, dieselbe Erfahrung werden alle Leser machen. Ich rate eigentlich, beginnen Sie direkt mit dem Lesen …

Daphne MacDougall

Ich schreibe ein Buch über Pudel, dabei möchte ich versuchen, eine ganze Reihe von Fragen zu beantworten, die von neuen Liebhabern der Rasse gestellt werden. Ihnen allen steht noch viel Freude bevor, die ihnen dieser intelligente, fröhliche, loyale und elegante Hund bereiten wird. Natürlich möchte ich aber auch das Wissen aller Pudelbesitzer über diese Rasse mehren. Die vier Schläge – Großpudel, Klein-, Zwerg- und Toypudel – sie alle haben ihren besonderen Reiz, bieten eine einmalige Farbauswahl: schwarz, weiß, braun, apricotfarben, silber und cremefarben.

Wechsel in der Popularitätsskala

Die Popularität von Kleinpudeln und Zwergpudeln erreichte in den frühen 1960er Jahren ihren Höhepunkt, das zeigen die Eintragungen beim englischen wie amerikanischen Kennel Club. Diese Eintragungszahlen sind für die Popularität jedes Rassehundes ein außerordentlich sicherer Maßstab. Im Jahre 1960 erreichte die Eintragung des Kleinpudels in England eine Rekordmarke mit mehr als 23 000 Tieren, gleichzeitig lagen die Zwerg- und Toypudel geringfügig über 9000. Die Zucht des Großpudels ging leicht zurück, 1960 gab es 436 Eintragungen gegenüber 527 im Jahre 1957. Über die letzten 28 Jahre verringerte sich gleichmäßig die Zucht von Kleinpudeln, Zwerg- und Toypudeln, 1988 wurden 983 Kleinpudel und 1958 Zwerg- und Toypudel eingetragen. Der Großpudel gewann in dieser Zeit an Popularität, 1988 erfolgten 1073 Eintragungen.

Zwischen 1900 und 1935 war der Pudel in den USA wenig populär, wurde eigentlich als ein völlig nutzloses Tier angesehen. Mit dem Import aus England des in der Schweiz gezüchteten weißen Großpudels Int. Ch. Nunsoe Duc de la Terrace of Blakeen, importiert und vorgestellt von Mrs. Sherman Hoyt, schlug diese Haltung völlig um. Dieser Rüde zeichnete sich dadurch aus, daß er der erste Pudel war, der auf der so hoch eingeschätzten Westminster Kennel Club Show im Jahre 1935 Best in Show wurde. Von da an wuchs die Popularität der

Links: *Ch. Vicmars Devil in Demand, Besitzer Ann Penfold, demonstriert die Perfektion des Pudels im heutigen Ausstellungsring.*

Oben: *Schnürenpudel »Ronto«, Gemälde im Besitz von Mrs. Gibbs, ein Pudel aus dem 19. Jahrhundert. Läßt man das Fell lang und ungepflegt, ergeben sich bei jedem Pudel schnürenartige Verfilzungen.*

Rasse, wobei der Zwergpudel den Großpudel überholte, seinen Höchststand in den 1960er Jahren als populärste Hunderasse der USA erreichte. In den 1980er Jahren ist die Rasse in allen ihren Größen zwar nicht mehr ganz so populär, gehört aber immer noch zu den Favoriten der Amerikaner.

Jede starke Popularität einer Hunderasse führt unausweichlich zum »großen Geschäft«, das gilt für die Pudel in den USA in den 60er Jahren. Viele Würfe wurden ohne jegliche Planung produziert, es entstanden zahlreiche Welpen, die den Namen Pudel nicht verdienten. Heutzutage gibt es für Toy-, Zwerg- und Kleinpudel in den USA wie in England praktisch eine Garantie dafür, daß sie mit großer Sorgfalt von Liebhabern der Rasse gezüchtet werden, die aus den Erfahrungen der Vergangenheit und ihrem Wissen heute Welpen aufziehen, die zu gesunden, fröhlichen und wesensfesten Lebensgefährten werden, Pudel, bei denen es Vergnügen bereitet, sie zu besitzen.

Der Großpudel gewinnt an Popularität

Der Großpudel hat eigentlich nie kommerzielle Züchter gereizt, seit den 1960er Jahren gewinnt er langsam aber stetig in England immer mehr an Popularität. Wie erwähnt liegt die Eintragungszahl 1988 bei 1073 Hunden. Ich bin davon überzeugt, daß diese Steigerung auf die immer besser werdende Präsentation der Rasse sowohl auf Ausstellungen wie auch im Alltagsleben zurückgeht. Gleichzeitig verbesserten sich anatomischer Aufbau und Eleganz der Rasse. Mit der steigenden Popularität großer Hunderassen hat der Großpudel gute Voraussetzungen, weiter an Ansehen und Beliebtheit zu gewinnen.

Kapitel eins

DIE GESCHICHTE DES PUDELS

Zirkushunde
Geschichtlicher Hintergrund
Erste Pudel in England
Der Schnürenpudel
Ausstellungsklassifikation
Pudel in den USA

Der Ursprung der Pudelrasse ist schon oft beschrieben worden, seine Herkunft bis ins Mittelalter wurde nachgewiesen. Den ersten schriftlichen Bericht verdanken wir einem Freund von Dr. Caius, dem schweizer Naturforscher Konrad Gesner aus dem Jahre 1555. Es scheint jedoch sehr wahrscheinlich, daß der Ursprung der Rasse noch viel weiter zurückliegt. Kleine Pudel findet man auf Denkmälern, die während der Herrschaft von Kaiser Augustus errichtet wurden und Augustus starb im Jahre 14 v. Chr.

In einem Beitrag zu Vero Shaw's selten gewordenen »Book of the Dog« aus dem Jahre 1980 gibt uns Mr. T.H. Joyce, ein großer Liebhaber des Pudels, ein klares und präzises Bild von Anatomie, Wesen und Geschichte des Pudels des 19. Jahrhunderts. Dieser Bericht ist ein Beweis, wie wenig sich die Rasse in den letzten hundert Jahren verändert hat.

Zirkushunde

»In England ist der echte Pudel der am allerwenigsten verstandene, deshalb auch am allerwenigsten geschätzte von allen bekannten Rassehunden. Es wird auf ihn mit einem Gefühl der Geringschätzung herabgesehen, als eine Art vierbeinigen Marktschreier. Man amüsiert sich zwar in gleicher Art über diesen Hund wie über ein »Plumpudding-Zauberpferd« im Zirkus, meint aber, daß er für das wirkliche Leben überhaupt nichts tauge. Und doch sind es gerade im besonderen Maße exakt dieselben Eigenschaften, die ihn zum ersten und besten Schauspieler unter den Hunden machen, die ihn zur Lebensgemeinschaft mit dem Menschen befähigen, nämlich seine außergewöhhnliche Intelligenz im Vergleich zu anderen Hunden, sie ermöglicht ihm eine viel größere Mannigfaltigkeit an Kunststücken auszuüben, vom Spazierengehen mit Sonnenschirm und Petticoat, bis zum perfekten Apportieren auf dem Land wie im Wasser. Nie sollte man vergessen, ein so großer Hundekenner wie Sir Edwin Landseer (1802–73) malte den Pudel als die Verkörperung der Weisheit in seinem Gemälde »Die Schöpfung des Rechts« (»Laying Down the Law«). In anderen Ländern, etwa in Deutschland und in weiten Bereichen Nordeuropas sieht man im Pudel einen Hund, der sich als nützlicher und dekorativer Lebensgefährte des Menschen auszeichnet. Man verwendet ihn auf der Jagd, er ist ein kapitaler Hund für die Wasserarbeit, läßt sich ebenso leicht zum Apportieren wie zum Vorstehen ausbilden, ein zuverlässiger, immer williger Arbeiter, ja noch mehr, bei guter Ausbildung

Unten: *Gelockter Großpudel, Gemälde von George Rankin, Ende des 19. Jahrhunderts. Man beachte die kurze Mähne, die Schur auf dem Rippenkorb und im Lendenbereich.*

Oben: *»Mossoo«, 1877 in Paris geboren, im Besitz von Lady Di Huddlesstone, in Ausstellungsfrisur, welche »in Perfektion sein seidiges, lockiges Haarkleid zeigt«. Aus »Stonehenge«, 4. Auflage.*

Oben rechts: *Ch. Cannon Hill Beauty, eine schwarze Schnürenpudelhündin, Tochter von The Die Garce Darling, 1896 geboren, die noch im Alter von zehn Jahren Preise gewann.*

Unten: *Dieses Foto von »Monsieur« wurde Anfang dieses Jahrhunderts als Postkarte verwandt, also muß diesen Hund auch jemand für besonders attraktiv gehalten haben. Wir haben in der Art der Präsentation seit damals einen langen Weg zurückgelegt.*

außerordentlich lenksam. Gerade diese Eigenschaft, verbunden mit großer Anschmiegsamkeit, macht den Pudel zum besonders wertvollen Haushund. Stets ist er voll Spielfreude, jederzeit bereit, mit einem Kind umherzutollen, die Pantoffeln seines Herrn herbeizutragen. Außerdem ist er auch noch ein erstklassiger Wachhund.

Es gibt großartige Anekdoten, viel zu zahlreich, um sie hier alle zu erwähnen, sie alle berichten von der Treue, Liebe und den vielfältigen Talenten des Pudels. Da ist der berühmte Munito, der 1818 durch seine klugen Karten- und Rechentricks ganz Paris in Staunen versetzte, oder der einmal weltberühmte Pariser Pudel von der Pont Neuf, der die Schuhe von Passanten schmutzig machte, um seinem

Oben: *Ch. Stillington Jeremie, ein 1932 geborener Großpudel. Er ist ein Beispiel für die Ausstellungsschur der 30er Jahre, der kontinentalen Löwenschur.*

Oben: *Littleist of Eathorpe, schwarzer Kleinpudel, Jahrgang 1930, ein Sohn von Ch. Spriggan Bell, zeigt die typische englische Sattelschur.*

Herrn, einem Schuhputzer, die Arbeit des Putzens zu ermöglichen.

Da gibt es den weißen Pudel, der, von seinem geliebten Frauchen angeschnauzt, vor ein paar Jahren in Queenstown sich selbst umbrachte. Wie kleine Kinder braucht der Pudel liebevolle Betreuung. Gerade weil er sich so leicht erziehen läßt, ist er außergewöhnlich empfindsam. Man bringt ihm viel leichter etwas bei, wenn man ihn wie ein vernünftiges Wesen, nicht wie in unvernünftiges Tier behandelt.

Geschichtlicher Hintergrund

Die Geschichte des Pudels und Einzelheiten über seine Abstammung sind etwas verschwommen. Es gibt keine Zweifel, die Rasse hat ihre Heimat in Deutschland, in beiden Sprachen sind die Namen identisch – Pudel – und in Deutschland erfolgte seine ursprüngliche Klassifizierung als »Canis Familiaris Aquaticus«. Damit ist der Pudel eng verbunden mit dem etwas kraushaarigeren und gelockten Wasserjagdhund, unseren Jägern in den Sumpfgebieten recht gut bekannt. Die Existenz des Pudels ist über Jahrhunderte nachgewiesen, wir finden Dokumente in Manuskripten bis zurück in das 16. Jahrhundert. Ein erwähnenswertes Bild stammt von Margaret von York, der dritten Gemahlin Karls des Kühnen aus Burgund (»The Abridged Chronicles of Burgundy«). Auch auf einem Familienbild, das Kaiser Maximilian von Österreich mit Frau und Kind zeigt, ist ein geschorener Hund abgebildet, der unter Berücksichtigung der künstlerischen Möglichkeiten dieser Zeit einem Pudel von heute außerordentlich nahe kommt. In einem Bild von Martin de Vos (1541–1603) »Tobias und sein Hund« aus dem 16. Jahrhundert ist das hier abgebildete treue Tier unverkennbar ein geschorener Pudel. In der Reihe von Gemälden um die Geschichte der »geduldigen Griselda« des Malers Pinturicchio (1454–1513), die in der National Gallery zu finden sind, ist deutlich ein kleiner, geschorener Pudel zwischen verschiedenen Betrachtern von Griselda's Wechselfällen mit dem Glück. Auch heute findet man den Pudel durch ganz Europa von Amsterdam bis Neapel, wo er komplett geschoren seine Siesta im Schatten einer schützenden Mauer oder eines Toreingangs hält.

Erste Pudel in England

Es scheint, daß der Pudel während der Kontinentalkriege Anfang des 19. Jahrhunderts nach England kam, wenn auch Zirkushunde vor dieser Zeit bekannt waren. Er war aber lange vor dieser Zeit ein besonders beliebter Hund in Frankreich. Auf einer Modetafel aus der Zeit Ludwig XVI. sehen wir ihn rasiert und geschoren, ein Kind dieser Zeit um ein Stück Kuchen anbettelnd.

Der Schnürenpudel

Ende des 19. Jahrhunderts gehörten die meisten Großpudel in England zur Varietät der Schnürenpudel. Der erste englische Großpudel Champion des Jahres 1890, Champion Achilles, hatte ein Schultermaß von 58,5 cm, seine Schnüre maßen 76 cm. Die letzte Eintragung eines Schnürenpudels im Stud Book des Kennel Clubs finden wir 1923, nur zwei waren eingetragen. Man ist heute allgemein der Auffassung, daß jedes Pudelfell zu Schnürenbildung neigt, wenn man es lang und ungepflegt beläßt.

Ausstellungsklassifikation
Bis zum Jahre 1910 wurden auch Pudel unter 38 cm in England gemeinsam mit den Großpudeln klassifiziert. 1921 wurden sie als Kleinhunde umklassifiziert, in der Toy Group ausgestellt, wo sie über drei Jahre verblieben. Dann reklassifizierte man sie zur Non-Sporting-Group gemeinsam mit den Großpudeln und den Zwergpudeln. Der Toypudel wurde 1953 vom Kennel Club anerkannt.

Pudel in den USA
Bis in die 1880er Jahre sind Pudel in den USA bekannt und ausgestellt worden, hauptsächlich an der Ostküste, wo verschiedene Zwinger sowohl Groß- wie Kleinpudel aus England und anderen Teilen Europas einführten. Der Großpudel war bei weitem am populärsten. Zu dieser Zeit waren die Standards des American Kennel Clubs und des English Kennel Clubs identisch, dementsprechend wurden beide Größen und alle Farben anerkannt. Heute differiert der amerikanische Standard recht wenig von dem englischen (vergleiche Kapitel sieben). Der amerikanische Toypudel muß eine Schulterhöhe unter 25,5 cm haben, wird in den USA in der Toy Group ausgestellt, während Groß- und Kleinpudel zur Non-Sporting-Group gehören.

Unten: *Ein Spitzentoypudel, Ch. Fabuleux Isn't She Gorgeous, im Besitz von Mrs. Anne Evans, England. Diese Hündin demonstriert die moderne englische Sattelschur.*

Kapitel zwei

DER JUNGE PUDEL

Auswahl eines Welpen
Haltung und Pflege des Junghundes
Fütterung
Erziehung
Gesundheitsfürsorge

AUSWAHL EINES WELPEN

Nie sollte man vergessen, daß der Hund ein Lebewesen ist, das besonders in seiner Jugend ebenso viel Pflege und Fürsorge braucht wie ein kleines Kind.

Größen
Wie wir schon wissen, gibt es den Pudel in vier Größenschlägen: Großpudel 45–60 cm Schulterhöhe, Kleinpudel 35–45 cm, Zwergpudel 29–35 cm, Toypudel bis 28 cm (Idealgröße 25 cm) (FCI-Größen). Die richtige Auswahl trifft man gemäß dem eigenen Lebensstil. Der Großpudel braucht eine Menge Bewegung, fühlt sich bestimmt in ländlicher Umgebung mit viel Gelegenheit für lange Spaziergänge wohler, wo man ihn frei laufen lassen kann. Der Kleinpudel ist mit täglichen Spaziergängen und einem mittelgroßen Garten ganz zufrieden, während der Zwerg- und Toypudel für kleine Wohnungen und Garten ideal ist, oder für den Appartementbewohner, der Parkspaziergänge bei gutem Wetter liebt.

Farben
Die Auswahl der Farbe ist eine reine Geschmackssache. Oft wurde ich gefragt, ob die Fellfarbe beim Pudel auf irgendwelche Unterschiede im Wesen schließen läßt. Nach meiner Erfahrung sage ich, überhaupt nicht, sie sind alle Hunde mit sehr angenehmem Wesen. Natürlich braucht ein weißes Haarkleid etwas mehr Pflege als die anderen, aber jeder Pudel braucht täglich Pflege, damit sein Fell hübsch bleibt, nicht verfilzt. Hier muß auch erwähnt werden, daß der Pudel zwar keine Haare verliert, dafür aber zumindest alle 6–8 Wochen einen Besuch im Pudelsalon nötig hat, dies sind zusätzliche Ausgaben, die man kennen muß. Ist der Pudelbesitzer jedoch bereit, das Handwerk des Pudelscherens und Pflegens selbst zu erlernen, wird er in den einzelnen Hinweisen nebst fotografischen Darstellungen in Kapitel vier eine große Hilfe haben. Natürlich darf man nicht glauben, daß man hier sehr schnell zum Erfolg gelangt. Zeit und viel Geduld sind notwendig. Beherrscht man aber einmal die Kunst, einen etwas verwahrlost aussehenden Pudel in einen hübschen, gepflegten umzuwandeln, wird man hieran viel Freude haben.

Rüde oder Hündin
Auch die Auswahl des Geschlechtes des Hundes ist eine Frage persönlicher Beurteilung. Nach meiner Meinung gibt es im Wesen bei den Pudeln zwischen den Geschlechtern wenig Unterschied. Rüde wie Hündin sind gleich intelligent, ebenbürtige Gefährten. Allgemein geht man davon aus, daß es etwas schwieriger ist, einen Rüden stubenrein zu erziehen, eine Hündin wiederum kommt zweimal jährlich in Hitze, wird attraktiv für die meisten Rüden der Nachbarschaft. Dies kann recht lästig werden, insbesondere, wenn man in einer dichtbesiedelten Wohngegend lebt. Entscheidet man sich, eine Hündin kastrieren zu lassen, verändert dies, wenn es frühzeitig erfolgt, weder ihr Temperament noch ihren Charakter. Sie wird auch dadurch weder fett noch überfüttert.

Zwinger
Ehe man einen Welpen kauft, sollte man so viele Erkundigungen einziehen als möglich, um sich zu vergewissern, daß man nur bei einem Züchter von gutem Ruf kauft, der für die Zucht gesunder und anatomisch gut aufgebauter Pudel bekannt ist. Solche Adressen erhält man durch den nationalen Hundezuchtverband oder durch die Pudel-Zuchtclubs

Oben: *Die drei englischen Größengruppen vom Großpudel (Schulterhöhe etwa 56 cm) bis zum Toypudel (Schulterhöhe unter 28 cm)*

Unten: *Es gibt den Pudel in einer Vielfalt von Farben, von links nach rechts: Weiß, Apricot, Schwarz, Creme (nur England), Silber und Braun*

(Adressen siehe Seite 116). In England gibt es zwei Hundezeitschriften, die wöchentlich herauskommen, »Dog World« und »Our Dogs«, hinzu kommt die »Kennel Gazette«, die monatlich erscheint. In Deutschland erscheint »Unser Rassehund«, in der Schweiz sei empfohlen »Hunde – Haltung, Zucht, Sport«, in Österreich »Unsere Hunde«. Die in den deutschsprachigen Ländern erwähnten Fachzeitschriften sind gleichzeitig Organe der nationalen Spitzenzuchtverbände. In allen diesen Veröffentlichungen werden auch Welpen zum Verkauf angeboten. Man hüte sich dringend vor Zwingern, die Welpen aus rein kommerziellen Gesichtspunkten produzieren! Hat man sich entschlossen, welche Größe und welche Farbe man bevorzugt, sollte man einen für Größe und Farbe spezialisierten Zwinger aufsuchen. Jeder Züchter von gutem Ruf erlaubt es, Welpen und Mutter zu besichtigen, dadurch erhält man ein gutes Bild, wie der erwachsene Welpe aussehen wird. Dies gilt insbesondere für die Farben silber und apricot. Schwarze, weiße und braune Pudel werden rein schwarz, weiß oder braun geboren, apricotfarbene müssen als Jungtiere recht kräftige Farben haben, denn sie verblassen mit zunehmender Reife. Silberne Pudel werden schwarz geboren, beginnen aber bald nach der Geburt zunächst an den Pfoten und rund um die Augen zu silbern. So kann man sich bei einem acht Wochen alten Welpen eine Vorstellung machen, welche Farbe der Hund mit 18 Monaten haben wird, die Besichtigung der Mutter erleichtert eine solche Vorstellung. Etwa im Alter von acht Wochen kann man alle Pudelgrößen unbedenklich kaufen, aber nicht früher.

Man sollte sich nie scheuen, Fragen an den Züchter zu stellen, auch wenn diese unbedeutend erscheinen. Die meisten Züchter begrüßen echtes Interesse.

Auswahl eines Welpen

Bei der Auswahl eines Welpen sollte man wissen, daß der Großpudel zum Ausreifen wesentlich länger braucht als der Klein- oder Zwergpudel. Kleinpudel erscheinen mit acht Wochen schon recht ausgereift, Zwergpudel in diesem Alter manchmal noch ein wenig unfertig. Der Großpudel ist in diesem Alter etwas unbeholfen, geht oft im Paßgang und erweckt insgesamt den Eindruck eines jungen Fohlen.

Unten: *Für den Käufer kann es sehr schwer sein, zwischen zwei so attraktiven Welpen die richtige Entscheidung zu treffen.*

Oben: *Ein attraktiver Wurf, die Welpen betrachten aufmerksam und interessiert ihre Umgebung. Man achte auf kräftige Farbe, schwarze Nase und dunkle Augen.*

Man sollte sich bei der Auswahl seines Welpen nie von Mitleid leiten lassen, in Versuchung geraten, einen scheuen, sich in eine Ecke zurückziehenden Welpen zu kaufen, nur weil er einem leid tut. Die richtige Wahl ist ein fröhlicher, herumtobender und aufmerksamer Welpe, der offensichtlich voller Leben steckt.

Nach der Vorauswahl sollte man den Welpen nochmals näher überprüfen, die Welpenohren sollten sauber und rosa sein, völlig geruchlos. Schon ganz wenig bräunlicher Ausfluß könnte ein Hinweis auf Ohrmilben sein. Man achte auf einen sauberen Fang mit weißen Zähnen, klare und glänzende Augen. Man streicht mit den Fingern durch das Haar, das sauber und gesund aussehen und sich auch so anfühlen muß. Abschließend prüft man, ob die Krallen kurz und gepflegt sind, Wolfsklauen rechtzeitig entfernt wurden.

Futterplan

Hat man sich für einen Welpen entschieden, sollte man unbedingt vom Züchter einen Futterplan erbitten, aus dem sich Art und Menge des Futters und die Fütterungszeiten ergeben, an die der Welpe gewöhnt ist. Hält man zumindest über die ersten Tage die gleichen Zeiten und die gleiche Ernährung bei, reduziert man damit beträchtlich die Gefahren einer Magenverstimmung. Man sollte sich auch die genauen Daten notieren, zu denen der Züchter die Welpen entwurmt hat.

Dokumente

Zumeist liegt zum Abgabetermin noch keine vom Zuchtclub ausgefertigte Ahnentafel vor. Man lasse sich jedoch schriftlich bestätigen, daß diese innerhalb angemessener Frist nachgesandt wird. Bestehen Zweifel, daß die Welpen beim maßgebenden Zuchtverband eingetragen werden, lasse man sich die Kopie der Wurfabnahme durch diesen Verband vorlegen, notfalls verschaffe man sich durch einen Anruf beim Zuchtbuchamt Gewißheit, daß ordnungsgemäße Papiere ausgestellt werden. Man achte darauf, auch Hundehändler haben eigene »Abstammungsnachweise«, man sollte aber ausschließlich von Züchtern kaufen, die den maßgebenden Zuchtorganisationen angehören. Man schützt sich dadurch vor Ärger. Ein dringender Rat: Alle Absprachen mit dem Züchter schriftlich festlegen, auch dies schützt vor Überraschungen!

Wichtig ist ein vom Tierarzt ausgefertigter Impfpaß, in den alle bereits durchgeführten Impfungen eingetragen sein müssen.

HALTUNG UND PFLEGE DES JUNGHUNDES

Der Erfolg des neuen Ankömmlings in seiner Familie hängt völlig davon ab, wie sich die Besitzer auf ihn vorbereitet haben, ihn von Anfang an erziehen. Junge Hunde muß man genau wie kleine Kinder bereits von frühester Jugend an lehren, was man von ihnen erwartet.

Ausrüstung
Für die Ankunft des Junghundes in der neuen Heimat bedarf es einiger Vorbereitungen. Als Lager empfiehlt sich ein kräftiger Karton (groß oder klein entsprechend der Größe des Welpen). Mit ausgeschnittener Vorderseite ist dies eine wesentlich bessere Lösung als ein Hundekorb. Kleine Hunde kauen überall während der Zahnung, zuweilen auch später. Eine Kartonbox, ohne gefährliche Klammern, kann leicht erneuert werden. Hat der Junghund seine Kauphase hinter sich, kann man dann in Ruhe einen Hundekorb oder ein Hundebett auf Dauer von einem Zoofachgeschäft kaufen. Man legt in den Karton ein weiches Wolltuch, Synthetikfell (Vet-bed) oder ein weiches Kissen und stellt die Box in eine warme, zugfreie Ecke, geschützt von »Durchgangsverkehr«. Man braucht eine standfeste Futterschüssel und eine Wasserschüssel. Füttert man vorwiegend Trockenfutter, muß der Hund an einem sicheren Platz immer Zugang zu frischem Wasser haben.

Junge Pudel brauchen eigentlich wenig Kämmen und Bürsten, dennoch ist es gut, sie so früh als möglich an Kamm und Bürste zu gewöhnen, sie zu lehren, während der Pflege still zu stehen. Hierfür braucht man einen Stahlkamm und eine Drahtbürste (siehe Kapitel vier über Fellpflege). Wird der Pudel älter, ist tägliche Pflege wichtig, damit sein Fell in guter Kondition bleibt.

Welpen sollte man nie über die Straße spazierenführen, ehe sie voll geimpft sind. Man braucht aber trotzdem für Klein- und Zwergpudel ein weiches Halsband und Leine, für den Großpudel Le-

Unten: *Bewährte Übergangslösung für einen Welpen, – zugfrei, warm, behaglich und leicht zu ersetzen, wenn der Karton zerkaut oder schmutzig ist. Vorsicht, solch eine Box darf keine Metallklammern haben.*

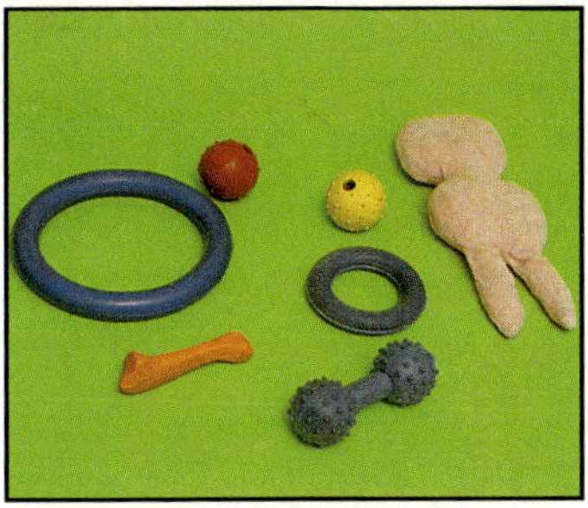

Oben: *dies alles sind sichere Spielsachen der richtigen Größe auch für die kleinsten Welpen. Nichts kann splittern, das weiche Spielzeug ist frei von gefährlichen Stoffen.*

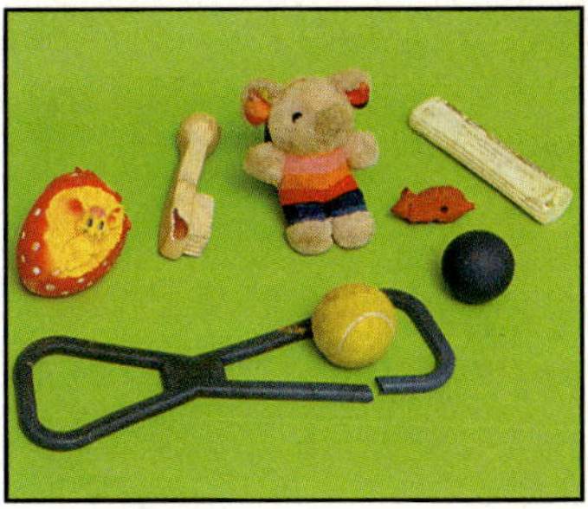

Oben: *Tennisbälle können beim Kauen abgerieben werden, Hartplastikspielzeug splittert. Die Augen des Teddybären könnten verschluckt werden, größere Bälle im Fang steckenbleiben.*

derhalsband und Leine, um sie schon im Garten daran zu gewöhnen. Für spätere Spaziergänge über die Straßen braucht man stets kräftiges Halsband und Leine. In Wohngebieten sollte Hunde grundsätzlich nur an der Leine geführt werden.

Es gibt vielerlei Spielsachen, man muß aber darauf achten, daß diese sicher sind, ohne gefährliche Eigenschaften. Sie sollten immer zu groß für den Fang des Junghundes sein, sodaß sie nie in Fang oder Kehle steckenbleiben können und große Schwierigkeiten verursachen. Nylonstrümpfe oder Socken, mehrfach zusammengeknotet, sind ein sehr brauchbares Spielzeug.

Sozialisierung und Unfallschutz

Bei der Ankunft des Welpen im neuen Haus ist für ihn alles fremd, etwas beunruhigend. Bis zu diesem Zeitpunkt lebte der Welpe im festen Rudel mit seinen Wurfgeschwistern, dadurch ist er überhaupt nicht gewöhnt, allein zu sein. Trotzdem wird der Junghund sich schnell an Wärme und Gesellschaft seiner neuen Heimat und seiner neuen Besitzer gewöhnen.

Als erstes muß der Welpe lernen, daß das, was sein Herr verlangt, für ihn absolutes Gesetz ist. Ist der Hund ungehorsam, sollte man ihn nie schlagen. Es genügt, wenn beim Zurechtweisen die Stimme entschieden klingt.

Man sollte darauf achten, daß Welpen an flachen Boden gewöhnt sind, von Stuhl oder Tisch herunterfallen könnten. Nimmt man den Hund auf den Arm, muß man ihn richtig festhalten. Man greift ihn unterhalb des Brustkorbs, hält gleichzeitig die Vorderläufe von außen zwischen Daumen und Mittelfinger, während der Zeigefinger zwischen den Läufen liegt. Auf diese Art und mit dem Körper des Welpen unter den Arm geklemmt, kann er nicht aus den Händen zappeln und fallen. Kleinen Kindern sollte man nur dann erlauben, den Welpen im Arm zu halten, wenn sie selbst auf dem Fußboden sitzen. Besonders sorgfältig sollte man sein, wenn man Türen öffnet und schließt. Welpen sind sehr schnell, leicht könnten die Pfoten dazwischen geraten.

Stets muß man darauf achten, daß alle Steckdosen und Kabel außerhalb der Reichweite eines Junghundes liegen.

Schutzimpfungen

Etwa im Alter von 12 Wochen werden Junghunde gegen Hepatitis, Leptospirose, Staupe und Parvovirose geimpft. Vor dieser Zeit haben ihn die Antikörper, die er von seiner Mutter bekam, geschützt und würden verhindern, daß Schutzimpfungen den richtigen Effekt haben. Die Schutzimpfung erfolgt gewöhnlich durch zwei Injektionen mit einem Abstand von zwei Wochen. Ehe der Welpe seine zweite Impfung erhalten hat, ist er nicht so geschützt, daß er über die Straße spazieren oder andere Hunde treffen darf.

Die erste Nacht

Die erste Nacht im neuen Heim ist für den Welpen seine erste Erfahrung, völlig allein zu sein, ohne die Wärme und den Körperkontakt zu seinen Wurfbrüdern und -schwestern. Man braucht nicht zu betonen, daß dies weder für den Junghund noch für seine neuen Besitzer eine besonders erfreuliche Erfahrung ist. Der Welpe fühlt sich kalt und alleingelassen, fängt mit Sicherheit an zu winseln, – und je länger er jammert, umso kälter und al-

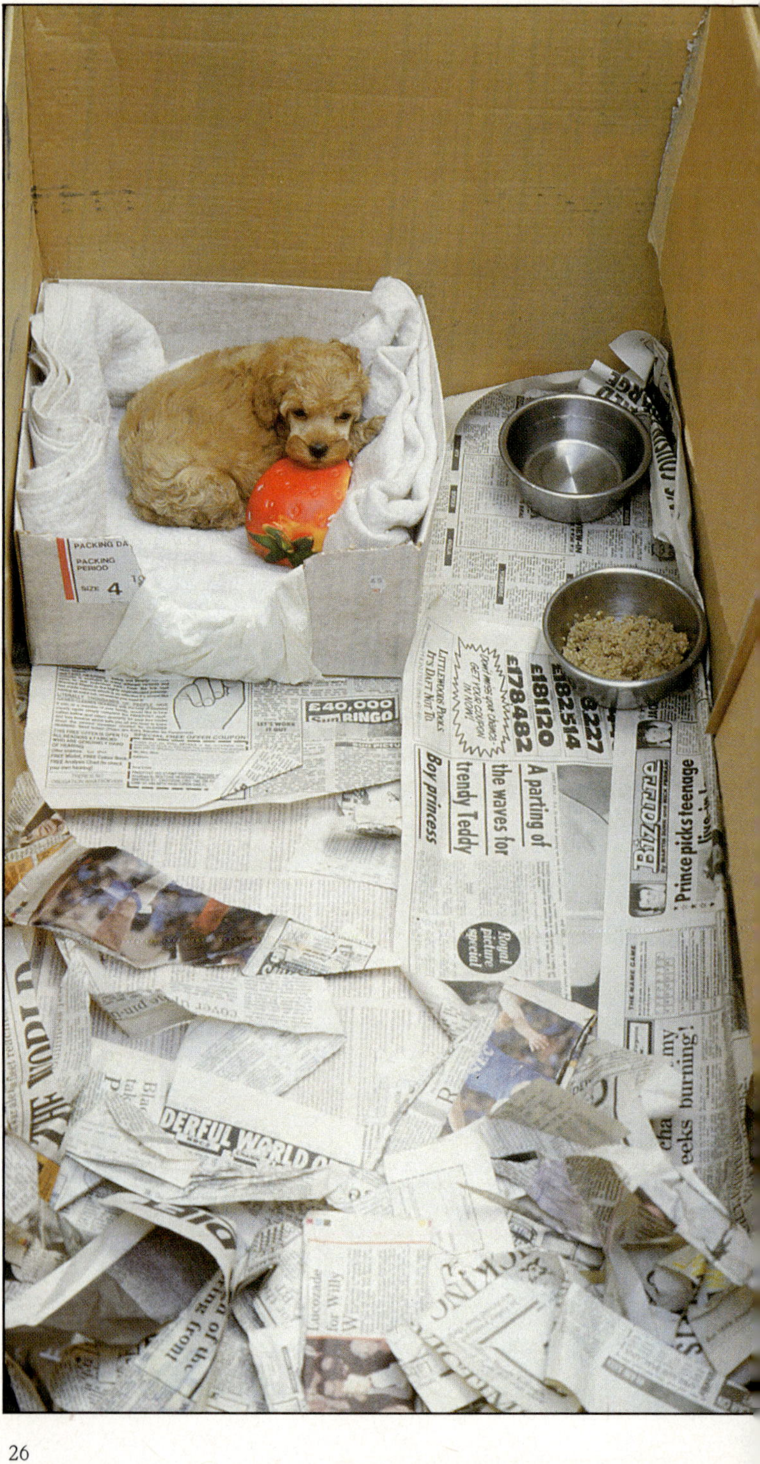
PACKING DA
PACKING PERIOD
SIZE 4
£40,000
RINGO
£178,482
£181120
£182,514
A parting of the waves for trendy Teddy
Boy princess
Prince picks teenage
Royal picture special
DERFUL WORLD

Links: *Ein selbstgemachtes Hundelager für die ersten Tage mit dem Welpen. Man muß darauf achten, daß die Wände fest sind, keine Klammern enthalten.*

Oben: *Ersatzgegenstände für die Wurfgeschwister – man muß die Wärmflasche voll abdecken, ebenso die Uhr, damit der Welpe keinen Schaden nimmt.*

leingelassener fühlt er sich. Daraus ergibt sich die Frage, was zu tun ist. Soll man den Welpen auszanken, ihn allein lassen in der Hoffnung, daß er sich schon ganz von selbst zurecht findet, ermüdet? Oder sollte man den Welpen aufnehmen, trösten und ins eigene Bett mitnehmen?

Beide Vorschläge erscheinen recht unbefriedigend. Auf keinen Fall sollte man in das Zimmer gehen, um den Welpen auszuschimpfen. Was der Welpe ja gerade will ist die Gesellschaft des Menschen, deshalb wird es ihn nicht stören. Man bleibt vor der Tür und schimpft den Hund mit fester, ärgerlicher Stimme aus. Geht man dagegen hinein, folgen unruhige Nächte! Ist man nicht bereit, für die Folgezeit sein Schlafzimmer mit dem Welpen zu teilen, sollte man ihn keinesfalls »nur für die erste Nacht« ins Schlafzimmer nehmen.

Ersatz für Wurfgeschwister

Mit Abstand die beste Methode, um dieses Problem zu lösen, besteht darin, dem Welpen ein bequemes Lager vorzubereiten, dabei in das Lager Gegenstände als Ersatz für die vermißten Wurfgeschwister zu legen. Man kauft eine altmodische Tonwärmflasche (keinesfalls Gummi, der Welpe würde dies ankauen). Man hüllt die mit warmem Wasser gefüllte Wärmflasche fest in ein Tuch und legt das Ganze in den Schlafplatz des Welpen, um dadurch die notwendige Wärme zu schaffen. Hinzu kommt ein leicht tickender Reisewecker, selbstverständlich gesichert vor den Zähnen des Welpen. Er ersetzt die dem Welpen fehlenden Herzschläge seiner Wurfgeschwister. Ein weiches Kinderspielzeug dient gleichfalls zur Beruhigung des Welpen.

Es hat sich bewährt, das Lager mit einem feinmaschigen Gitter zu umgeben, ähnlich einem Kinderlaufstall. Solche Welpenausläufe sind in Fachgeschäften erhältlich, können auch selbst zu Hause hergestellt werden. Möglich wäre auch ein solcher Auslauf aus großen Pappschachteln. Dabei muß jedoch der Auslauf hoch und stabil genug sein, damit der Welpe nicht überklettern kann, so groß, daß man noch einige Lagen Zeitungspapier vor der Box ausbreiten kann, damit sich der Welpe beim Aufwachen darauf löst. Fast nie beschmutzen Welpen freiwillig ihr eigenes Lager.

Nach zwei bis drei Nächten hat der Welpe gelernt, wann es Schlafenszeit ist, er wird sein Lager und den Auslauf als seinen neuen Lebensbereich akzeptieren. Man achte stets darauf, daß ein Welpe – genau wie ein Kleinkind – Tag und Nacht sehr viel Schlaf braucht.

FÜTTERUNG

Alle Welpen und heranwachsenden Hunde brauchen täglich mehr Nahrung als erwachsene Hunde. Für Welpen sind vier Einzelmahlzeiten täglich eine Notwendigkeit. Ist der Hund ausgewachsen,

reichen für die meisten Hunde täglich eine bis zwei Mahlzeiten. Die Futtermengen sind abhängig von der Größe des Hundes, vom Energieverbrauch durch die laufende Bewegung (vergleiche Seite 40 als Leitfaden über die täglich notwendigen Futtermengen eines erwachsenen Hundes). Ein Großpudel braucht selbstverständlich mehr Futter als ein Klein- oder Zwergpudel. Die genaue Futtermenge für die einzelnen Pudelrassen erfährt man durch den Züchter, der aus seiner Erfahrung weiß, wann die besten Fütterungszeiten sind, wieviel der einzelne Welpe an Futter braucht, um richtig zu wachsen und gesund zu sein.

Alle Hunde brauchen eine Vielfalt einzelner Grundnahrungsmittel, um heranzuwachsen, einen gesunden Körperbau zu entwickeln. Dies sind:

Protein
Proteine sind lebensnotwendig, man findet sie in allen Milchprodukten, Fleisch, Fisch, Geflügel, Kaninchen, Getreideflokken und Soja. Proteine fördern das Körperwachstum.

Fett, Stärke, Zucker
Diese Produkte sind notwendig, um den Bedarf an Energie, Kalzium und Phosphor zu decken. Man findet sie insbesondere in allen Milchprodukten.

Leber, Nieren, Vollkornbrot
Alle diese Produkte enthalten das notwendige Eisen.

Vitamine
Vitamine sind für Hunde genauso wichtig wie für uns. Die gegenüberliegende Tabelle listet auf, in welchen natürlichen Nahrungsmitteln diese Vitamine enthalten sind.

Es ist ganz wichtig zu wissen, daß Fertigfutter von führenden Futtermittelherstellern für erwachsene Hunde wie für Welpen in aller Regel Vitamine enthalten. Genaues ersieht man aus den Fütterungs-

hinweisen auf der Verpackung. Füttert man diese Produkte, braucht es in der Regel keiner zusätzlichen Vitamine, bestenfalls helfen sie nicht, schlimmstenfalls können sie durch Übervitaminisierung Schaden anrichten.

Natürlich kann man die meisten auf der Tabelle aufgeführten Vitamine auch in Pulver- oder Tablettenform erhalten. Ich persönlich ziehe natürliche Vitamin-

Oben: *Futter- und Wasserschüssel für Welpen plaziert man auf einer großen, sauberen Plastikmatte. Welpen sollten stets in ruhiger Atmosphäre gefüttert werden.*

Vitaminquellen

Vitamin A:	Eier, Milch, Butter, tierische Fette und Lebertran – besonders wichtig für Wachstum und Widerstandsfähigkeit gegen Krankheiten.
Vitamin B:	Vollkornbrot, Eier, Gemüse und Hefe – besonders wichtig für das Nervensystem, als Energiespender und für guten Appetit.
Vitamin C:	In frischen Früchten, auch in Orangensaft und Gemüsen, die das Blut reinigen. Hunde synthetisieren über ihren Körper Vitamin C, so daß es als Futter nicht zusätzlich verabreicht werden muß.
Vitamin D:	Leber und Lebertran – wichtig für starke Knochen.
Vitamin E:	In Hafer- und Weizenkeimen, Olivenöl und Salaten – wichtig für die Fruchtbarkeit.

quellen vor und verwahre diese Übersicht zur ständigen Beachtung in meiner Küche.

Wie schon erwähnt rate ich, beim Kauf des Welpen vom Züchter einen genauen Futterplan zu erbitten. Die einzelnen Hund variieren in den täglich notwendigen Futtermengen, der Züchter sollte ziemlich genau wissen, wieviel Nahrung ein Welpe über die ersten Monate braucht, damit er zu einem gesunden und fröhlichen erwachsenen Pudel heranwächst.

Man füttert täglich immer zu gleichen Zeiten. Keinesfalls sollte man einem Hunde gekochte Knochen geben, sie splittern und können den Hund schwer verletzen. Insbesondere muß man von Wild und Geflügel aus dem gleichen Grund alle Knochen entfernen, beim Fisch natürlich alle Gräten. Demgegenüber ist ein roher Rinderknochen ungefährlich, wird außerordentlich geschätzt und verhindert häufig, daß ein Junghund im Hause andere Dinge anknabbert. Jede Nahrung muß handwarm gefüttert werden, weder zu heiß noch gar gefroren, wichtig ist auch eine ruhige Atmosphäre bei der Fütterung. Zuviel Lärm kann einen Junghund davon abhalten, richtig zu fressen. Man läßt nie in der Futterschüssel Futterreste stehen. Was nicht innerhalb von zehn Minuten gefressen ist, wird bis zur nächsten Mahlzeit entfernt. Ihrer Natur nach kauen Hunde nicht, deshalb ist es völlig normal, daß sie ihr Fressen recht schnell herunterschlingen. Nach der Mahlzeit sollten Junghunde wie erwachsene Hunde stets eine Ruhezeit haben.

Büchsenfutter

Als Züchter empfehle ich allen Hundebesitzern, die sich ihren ersten Hund anschaffen, die Fütterung des Welpen mit einem Welpenbüchsenfutter von gutem Ruf zu beginnen, – als Alleinfutter oder ergänzt durch eine Mahlzeit mit Hundekuchen oder getoastetem Vollkornbrot. Füttert man entsprechend den Futteranweisungen auf der Büchse, leidet nach meiner Erfahrung ein Welpe nur ganz selten an irgendwelchen Magenverstimmungen. Eine solche sollte gerade bei der Eingewöhnung in der neuen Umgebung vermieden werden.

Futtermengen

Die beste Art zu erfahren, wieviel Nah-

Futterplan für Junghunde

Alter 2–4 Monate. Entsprechend dem Tagesablauf im Haushalt werden die Mahlzeiten regelmäßig eingeplant, stets zur gleichen Zeit gegeben.

Frühstück: Getreideflocken mit etwas warmer Milch, dazu etwas Honig oder Glukose, als Alternative Welpenbüchsenfutter mit Flocken.
oder
Rührei mit etwas gut getoastetem Vollkornbrot.

Mittag: Man kann wählen zwischen rohem Rindfleisch, gekochtem Rindfleisch, Lamm, Kaninchen oder ein Stück gekochtes Muskelfleisch. Das Fleisch wird stets in kleine Stücke geschnitten. Alternativ Welpenfutter einer guten Firma in Büchse ergänzt durch Zeralien; gekochtes Huhn (ohne Knochen); weißes Fischfleisch (ohne Gräten) und etwas Hundekuchen, Vollkornbrot oder Flocken, ergänzt durch eine geriebene Möhre. Soja ist immer eine gute Proteinquelle.

Nachmittags: Ein Stück Hundekuchen oder getoastetes Vollkornbrot
oder
etwa ein Glas Orangensaft.

Abendessen: Wie zur Mittagszeit.

Täglich wird dem Junghund Lebertran entsprechend den Anweisungen auf der Flasche verabreicht. Kuhmilch ist ungesäuert keine natürliche Hundenahrung, sie kann Durchfall auslösen. Vor dem Schlafengehen bietet man dem Junghund etwas Ähnliches wie nachmittags an, gibt aber weniger Flüssigkeit, sonst findet man am nächsten Morgen zwangsläufig einen entsprechenden See.

Bei Fütterung mit Trockenfutter muß stets sauberes Wasser für den Hund bereitstehen.

rung ein Junghund braucht, ist die genaue Beobachtung beim Fressen. Leert der Welpe die Futterschüssel schnell und erweckt den Eindruck, er möchte noch mehr, dann sollte man die Futtermenge leicht vergrößern. Bei einem gesunden Welpen dauert es nur wenige Minuten, bis er seine Schüssel leer hat.

ERZIEHUNG

Stubenreinheit

Etwas vom Wichtigsten, was man verstehen und woran man immer denken muß, ist die Tatsache, daß kleine Welpen recht wenig Kontrolle über Darm und Blase haben. Werden sie aber unter guten und sauberen Verhältnissen aufgezogen, haben die meisten Junghunde einen natürlichen Instinkt zur Sauberkeit.

Ab einem Alter von drei Wochen verunreinigt ein Welpe nur noch sehr selten das eigene Lager, wenn er irgendeine andere Stelle finden kann. Recht schnell trifft der Junghund seine Wahl, wo er sich regelmäßig löst. Damit liegt es beim Hundebesitzer, dem Hund zu helfen, daß er die richtige Stelle findet. Anfangs kann »die richtige Stelle« eine dicke Zeitung sein, die man stets an dieselbe Stelle legt, – in jedem Zimmer, in dem der Welpe frei laufen darf. Bald lernt der Hundebesitzer, daß die Verhaltensmuster des Welpens stets dieselben sind. Möchte sich der Junghund lösen, schnüffelt er zunächst kreisförmig auf dem Boden, um die richtige Stelle zu suchen. Sieht man dies bei seinem Welpen, nimmt man ihn auf und trägt ihn nach draußen. Dann bleibt man bei dem Welpen, bis er alles erledigt hat, lobt ihn stark. Man muß beim Welpen bleiben, ihn nicht allein lassen, sonst folgt er nach. Wenige Minuten in diesem Alter mit dem Welpen verbracht, erreichen in Kürze die Stubenreinheit.

Grundsätzlich sollte man Welpen immer sofort nach draußen bringen, wenn sie aufwachen, ebenso nach jeder Mahlzeit, ehe sie zur Ruhe gebracht werden. Bei nassem Wetter ist es nicht immer ratsam, empfindliche Welpen nach draußen zu tragen. Erscheint es notwendig, bringt man den Welpen auf seine Zeitung und bleibt bei ihm, bis er sich gelöst hat. Auch hier ist natürlich viel Lob notwendig.

Wird ein Welpe von Anfang an Zeitungspapier gewöhnt, kann sich die Erziehung für Hundebesitzer als recht nützlich erweisen, die in städtischen Mietwohnungen wohnen, wo es aufgrund schlechter Witterung oder starkem Straßenverkehr nicht immer möglich ist, die notwendigen Spaziergänge früh und am späten Abend durchzuführen. Legt man die Zeitung immer an dieselbe Stelle, begreift der Junghund schnell, wofür dies gut ist.

Ein gelegentliches »Mißgeschick« wird ihm natürlich trotzdem widerfahren; Papier, Gras und Teppich erscheinen einem Junghund zunächst recht ähnlich. Um das Risiko von Flecken auf dem Teppich

Unten: *Dies ist die typische Haltung eines mit der Nase herumsuchenden Welpen, der sich in Kürze lösen muß.*

zu vermeiden, sprüht man Sodawasser auf die verschmutzte Stelle, läßt es ein paar Sekunden einziehen und saugt das Ganze mit einem Küchentuch wieder auf.

Zusätzlich zur Erziehung für die Stubenreinheit ist es zumindest ebenso wichtig, daß der Junghund so erzogen wird, daß er sich auch auf öffentlichen Plätzen richtig benimmt. Es ist gesetzlich verboten, daß Hunde öffentliche Fußwege verunreinigen, man muß ihnen rechtzeitig beibringen, den Rinnstein, Gras oder anderen rauhen Untergrund zu benutzen.

Man sollte stets einen kleinen Plastikbeutel, eine Fifitüte oder ähnliches mit sich führen, um »Unglücke« sofort zu beseitigen. Tut man dies nicht, riskiert man eine ernsthafte Strafe.

Anspringen

Alle Pudel brauchen Zuneigung, was sie oft durch Hochspringen an ihren Besitzern oder Besuchern zeigen. Dies schätzt man nicht immer, weil selbst dem begeistertsten Hundeliebhaber schmutzige Pfoten wenig willkommen sind. Man kann diese Untugend schnell beenden, wenn der Junghund begreift, daß er stets nur gelobt wird, wenn sich alle Pfoten am Boden befinden. Sobald der Junghund anspringt, hält man ihn unten am Boden mit dem Kommando »Runter!«. Ist der Junghund gehorsam, wird er gelobt. Man sollte sich aber immer daran erinnern, den Hund zu begrüßen, ihn zu streicheln, wenn er sich richtig benimmt.

Jede Erziehung braucht Geduld, viel Geduld, Liebe und Verständnis. Gibt man seinem Junghund viel Zeit, wird er alles lernen und verstehen, was man von ihm verlangt. Man sollte auch immer etwas Zeit aufbringen, um rein zum Vergnügen mit ihm zu spielen; ein paar Spiele machen beiden Freude, Hund wie Besitzer.

Junghunderziehung

Das Verhalten des Besitzers, sein Verständnis für den Junghund bauen Gesundheit und Wesen des erwachsenen Hundes auf. Über die ersten Tage, in denen sich der Junghund mit seiner neuen Umgebung vertraut macht, Erfahrungen gewinnt, wird er über die meiste Zeit seine Umwelt erkunden, fressen und schlafen. Darüberhinaus muß der Junghund einige Dinge recht schnell lernen, wobei man sich erinnern muß, daß er sehr wenig, ja fast überhaupt nichts von dem, was man von ihm erwartet, versteht.

Als erstes muß der Welpe seinen Namen kennen. Rufen Sie den Welpen beim Namen, kommt er, wird er gelobt, mit einem Leckerbissen belohnt. Schon nach kurzer Zeit erkennt der Junghund seinen Namen sofort, damit ist der erste Schritt zum Gehorsam gemacht.

Unter keinen Umständen sollte man den Namen des Hundes unter unfreundlichen Vorzeichen nennen. Zum Schutze des Hundes, zum Seelenfrieden des Herrn ist es unbedingt erforderlich, daß er auf Namensruf sofort kommt, deshalb muß dieses Wort nur mit angenehmen Erfahrungen verknüpft sein.

Das Wort »Nein!« muß immer dann,

Links: *Es ist wichtig, dem Junghund beizubringen, am Boden zu liegen, an dieser Stelle zu bleiben. Durch Vorwärtsziehen der Vorderläufe des sitzenden Hundes bringt man ihn zum Liegen, gleichzeitig sagt man mit fester Stimme »Platz!«. Dann geht man ein paar Schritte zurück, wartet kurz ehe man zurückkehrt, den gehorsamen Hund lobt.*

Oben: *Man lehrt den Junghund auf gleiche Art zu sitzen an dieser Stelle zu bleiben. Dies geht am leichtesten, indem man das Hinterteil unter dem Kommando »Sitz!« herunterdrückt, wieder zurückgeht und wartet, ehe man zu seinem Hund lobend unter Umständen mit einem Leckerbissen zurückkehrt.*

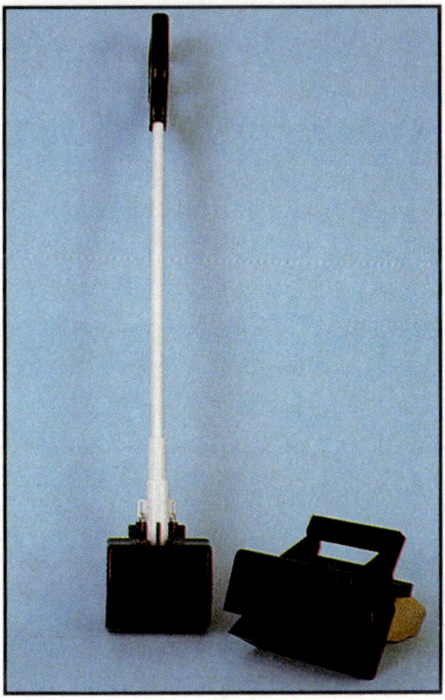

Rechts: *Diese zwei Reinigungsgeräte sind für viele Gelegenheiten nützlich, man kann mit ihnen Hundekot schnell, hygienisch und so angenehm wie möglich von Fußwegen entfernen.*

wenn der Junghund etwas falsch macht, mit fester Stimme benutzt werden. Stimmen sind modulationsfähig, machen Sie Ihre Stimme streng. Hunde verstehen den Ton der menschlichen Stimme, nicht aber die Worte. Man sollte den Ton zwischen Lob und Tadel immer differenzieren.

Leinenführigkeit
Kennt der Junghund seinen Namen, hat sich eingewöhnt und auch die Grundbegriffe der Stubenreinheit gelernt, ist das nächste wichtige Erziehungsprogramm die Leinenführigkeit, das Tragen von Halsband und Leine. Um das zu erreichen, kauft man ein weiches Halsband und eine dünne Leine. Zunächst gewöhnt man den Junghund an das Halsband, indem man es ihm den Tag über beim Auslauf im Garten anlegt. Hat er sich an das Halsband gewöhnt, bindet man die Leine daran und läßt ihn weiter für sich herumlaufen. Dabei beobachtet man aber stets den Junghund, daß er sich keinesfalls mit der Leine an einem Hindernis verfängt, das könnte ihn erschrecken oder verletzen. Nach einigen Minuten des freien Umherlaufens nimmt man die Leine auf und geht dahin, wo der Junghund hin will. Sobald der Junghund merkt, daß er nicht mehr frei ist, wird er bocken und ge-

Bereit zur ersten Gartenlektion, hierfür ist eine leichte Leine mit Halsband ideal. Man läßt den Junghund völlig alleine umherlaufen, während er Halsband und Leine trägt, dann nimmt man die Leine auf. Sobald der Junghund merkt, daß er nicht länger frei ist, wird er bocken und gegen die Leine ankämpfen. Mit viel Geduld, ermutigenden Worten, Lob und Lekkerbissen lernt der Hund nach kurzer Zeit völlig natürlich bei Fuß zu gehen. Dabei ist der Ton der menschlichen Stimme entscheidend, Lob wie Tadel. Solche Übungen sollten nie länger als fünf Minuten täglich sein, wenn sie beim Junghund erfolgreich verlaufen sollen. Am Ende steht stets tüchtiges Loben und Streicheln.

gen die Leine ankämpfen.

In dieser Situation bleibt man ganz einfach still stehen. Irgendwann hört der Hund von ganz alleine auf. Tut er dies, ruft man ihn zu sich und zieht ihn ganz zart mit der Leine heran. Kommt der Junghund, was meist nun keine Schwierigkeit bereitet, belohnt man ihn mit Lob und einem Leckerbissen. Hört der Hund auf, gegen die Leine anzukämpfen, kommt er schnell auf Anruf auch an der Leine zum Besitzer, geht man langsam von ihm weg, gibt ihm zu Beginn einen leichten Leinenruck und ruft ihn beim Namen. Setzt er sich, sollte man geduldig warten, nicht ziehen. Man wartet so lange, bis der Junghund aufsteht und versucht alles von neuem. Fünf Minuten Ausbildung täglich reichen völlig aus. Kurze Lektionen sind die effektivsten.

Ist der Junghund an weichem Halsband und Leine voll gehorsam, ersetzt man diese durch normale Halsung und Leine ohne jede Probleme.

GESUNDHEITSFÜRSORGE

Junge Hunde brauchen einige zusätzliche Aufmerksamkeit, zumindest einmal täglich sollte man sich Augen, Ohren, Zähne, Pfoten und Fell näher ansehen.

Augen

Man nimmt Baumwollwatte, taucht diese in kaltes Wasser oder in eine milde Borwasserlösung. Damit reinigt man die Augenränder und beseitigt dabei jeglichen Ausfluß.

Ohren

Die Ohren werden darauf kontrolliert, daß sie stets sauber sind, nicht riechen. Jeglicher Ausfluß oder schlechter Geruch bedarf tierärztlicher Behandlung.

Zähne

Am besten gewöhnt man bereits den Welpen daran, daß schon von frühester Jugend an seine Zähne zumindest einmal wöchentlich gereinigt werden, hierzu verwendet man Spezialzahnpasta für Hunde. Am wichtigsten ist dies für die Zwergpudel. Wehrt sich ein Pudel hartnäckig gegen das Bürsten seiner Zähne, versucht man es mit einer Zahnreinigung mit Wasserstoffsuperoxyd oder mit einer Salzlösung. Beide werden mit einem um den Finger gewickelten weichen Lappen aufgetragen.

Zuweilen stoßen alle diese Bemühungen auf hartnäckigen Widerstand des Hundes. Dann bleibt nichts anderes übrig, als unter Narkose beim Tierarzt in gewissen Zeitabständen regelmäßig Zahnstein entfernen und die Zähne polieren zu lassen.

Gut ausgebackene Hundekuchen, große Stücke Faserfleisch, rohe Rinderknochen und Kauknochen helfen alle bei der Mundpflege.

Zu der Zeit, da der Welpe zu seinem neuen Besitzer kommt, hat er sein Milchgebiß, das vom zweiten Gebiß, etwa im Alter von 6–7 Monaten oder später, ersetzt wird. Zum Zeitpunkt des Zahnwechsels sollten ähnlich wie beim menschlichen Baby dem Welpen kleine Fluormengen gegeben werden, am besten läßt man sich hierzu von seinem Tierarzt beraten.

Fellpflege

Täglich bürstet man mit einer weichen, natürlichen Borstenbürste das Fell. Wird der Junghund älter, braucht man hierfür eine festere Bürste. Man bürstet immer bis auf die Haut, arbeitet dann mit dem Kamm nach, sollte niemals die Ohrenden und die Rute vergessen.

Pfoten

Man prüft regelmäßig die Ballen auf Fremdkörper oder Schnitte. Die Krallen müssen kurzgehalten werden, wachsen

Unten: *Die Pudelpfote sollte kurze, gut geschnittene Krallen haben. Das dunklere »Leben« läßt sich leicht auf dieser weißen Welpenkralle erkennen.*

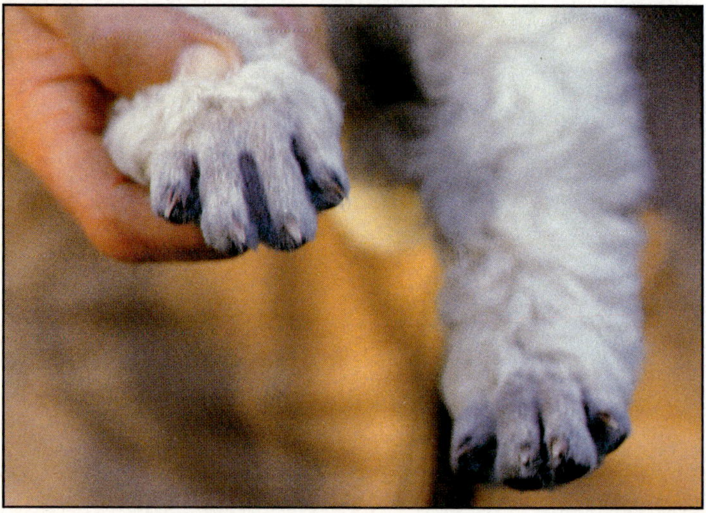

Oben: *Man reinigt die Augen des Junghundes am Morgen und am Abend, benützt dabei frische Baumwollwatte zur Reinigung jedes Auges.*

sie zu lang, können sie leicht abgerissen werden. Krallenpflege ist etwas schwierig, keinesfalls sollte man in das »Leben« schneiden.

Sind die Nägel weiß, kann man bei Welpen wie erwachsenen Pudeln das »Leben« leicht erkennen, bei schwarzen Nägeln bedarf es großer Aufmerksamkeit. Man schneidet mit der Krallenzange immer nur ein ganz kleines Stück (vergleiche Seite 44). Fühlt man sich unsicher, ist ein kurzer Besuch beim Tierarzt ratsam.

Parasiten
Alle Welpen sind dem Befall einer Vielzahl von Parasiten ausgesetzt. Man beachte auch in Kapitel drei den Abschnitt über Parasiten.

Spulwürmer Die meisten Welpen sind von Spulwürmern (toxocara canis) befallen; zumeist tragen sie bereits bei der Geburt die Larven in ihrem Körper, diese entwickeln sich bis zum Welpenalter von zwei Wochen zu ausgewachsenen Würmern. Spulwürmer werden bis zu 13 cm lang, sie scheiden mikroskopisch kleine Eier aus, die im Garten oder Wohnung über eine sehr lange Zeit lebensfähig bleiben. Spulwürmer sind besonders für kleine Kinder ein Gesundheitsrisiko, sie gedeihen besonders gut in warmer, feuchter Umgebung.

Wie bereits erwähnt sollte man sich bei der Abholung des Welpen beim Züchter notieren, wann zuletzt eine Wurmkur durchgeführt wurde. Im Idealfall erfolgt die Wurmbekämpfung erstmalig im Alter von 2 1/2 Wochen, darauf wiederholt mit zweiwöchigen Intervallen, bis der Junghund drei Monate alt geworden ist, dann erneut im Alter von sechs Monaten. Am besten besucht man seinen Tierarzt, um die exakte Wurmbekämpfung abzusprechen, Medikamente zu holen, diese gibt es als Paste und als Tabletten. Sogenannte »Hausmittel« haben in aller Regel nur eine Wirksamkeit von bis zu 60 %.

Ohrmilben Beim Pudel sind diese Parasiten die häufigste Ursache für Ohrenerkrankungen. Die Milben leben von Hautpartikeln auf der Oberfläche des Ohrkanals. Sie verursachen in der Regel starken Juckreiz und rotbraune Krusten. Ohrmilben sind hochgradig ansteckend, besonders junge Tiere werden stark befallen. Ein Mineralöl in Verbindung mit einem Insektenmittel ist wirksam, die Behandlung sollte über eine Periode von vier Wochen regelmäßig erfolgen. Dabei muß nicht nur der Hund selbst, sondern auch seine Umgebung behandelt werden.

Cheyletiellamilben (lebender Schorf)
Dieser Parasit kann bei Hund wie Menschen unangenehme Entzündungen auslösen. Da die Milben jedoch nur auf ihrem Gastgeber leben, kann man sie wirksamer behandeln. Die Milben selbst und ihre Eier kann man nur unter dem Vergrößerungsglas erkennen, das Auftreten feinen Schorfs auf dem Fell gibt jedoch einen Hinweis auf ihre Anwesenheit. Die meisten Insektenpulver sind wirksam, müssen gegen diese Milben dreimal hintereinander, jeweils mit einer Woche Abstand, angewandt werden.

Sarcoptisräude Diese Milbe verursacht eine ganz besonders juckende, ansteckende Infektion, ist nicht an eine bestimmte Jahreszeit gebunden. Die Milben bohren sich in die oberen Hautschichten, können aber auch auf Menschen zumindest sechs Tage leben. Die Infektion ist hochgradig ansteckend, besonders junge Tiere werden befallen.

Da die Milbe über den größten Teil ihres Lebens unter der Hautoberfläche lebt, kann die Diagnose schwierig sein, selbst bei mikroskopischer Kontrolle mehrerer Hautabschabungen. In der Regel ermöglicht aber bereits der Zustand des Patienten dem Tierarzt eine Diagnose. Insektizide sind wirksam, zusätzlich muß das Haar an den befallenen Stellen abgeschnitten werden, es bedarf zusätzlicher Medikamente, um die Entzündung abzuheilen, die Hautablagerungen zu entfernen. Auch bei dieser Krankheit sollte gleichzeitig die Umgebung des Hundes mit Insektiziden behandelt werden.

Kapitel drei

DER ERWACHSENE PUDEL

Fütterung
Bewegung
Gesundheitsfürsorge
Reisen
Veteranen

FÜTTERUNG

Der Zeitpunkt der Entwicklung, an dem man von Welpenfütterung zu Futter für Ausgewachsene übergehen kann, ist bei den Pudelrassen unterschiedlich. Der Zwergpudel ist ungefähr im Alter von sieben Monaten, ein Kleinpudel zwischen neun und zehn Monaten und ein Großpudel erst etwa im Alter von zwanzig Monaten voll ausgewachsen.

Der ausgewachsene Pudel kann einmal täglich gefüttert werden. Der Zeitpunkt richtet sich nach dem übrigen Tagesablauf der Familie, kann am Morgen oder am Abend sein. Goldene Regel ist aber, daß täglich immer zur gleichen Zeit gefüttert wird. Sauberes, frisches Wasser muß dem Hund zu jeder Zeit zugänglich sein.

Futtermenge

Bei der Festlegung der täglichen Futtermenge für den erwachsenen Pudel müssen mehrere Faktoren berücksichtigt werden. Ist der Pudel ein Haushund, erhält er wenig Bewegung, braucht er natürlich wesentlich weniger Nahrung als ein auf dem Lande lebender Hund, der den ganzen Tag über frei umherläuft. Ein häufig eingesetzter Zuchtrüde braucht ebenso wie eine Zuchthündin zusätzliches Futter. Als nur groben Anhaltspunkt sieht man ein Verhältnis von 14 g Futter auf 454 g Körpergewicht an, in diese Berechnung nicht einbezogen sind Zusatzfutter wie Hundekuchen und Zeralien. Aber alle Pudel, Groß-, Klein-, Toy- und Zwergpudel variieren untereinander beträchtlich in ihrem Futterbedarf, zusätzliche Zahlen wären hier völlig sinnlos. Ähnlich den Menschen gibt es Pudel, die eine ganze Menge fressen und dabei dünn bleiben, andere wieder werden bereits bei wenig Futter fett. Deshalb muß jeder Hundebesitzer selbst die richtige Futtermenge für seinen eigenen Hund herausfinden.

Büchsenfutter

In jüngerer Zeit hat sich die Qualität von in Büchsen angebotenem Hundefutter wesentlich verbessert. Viele Erzeugnisse bekannter Hundefutterhersteller machen die Fütterung bequem, sparen Zeit. Man kann sich durchaus darauf verlassen, daß die Futtermittel für alle Pudelgrößen auch bei Alleinfütterung eine nahrhafte und ausreichende Ernährung gewährleisten.

Trockenfütterung

Daneben gibt es von der Futtermittelindustrie Futterstoffe, denen die Feuchtigkeit entzogen ist. Auch hier gilt, daß die gut eingeführten Marken als nährstoffreich und zufriedenstellend für Gesundheit und Wachstum angesehen werden können. Einige dieser Erzeugnisse werden trocken gefüttert, andere müssen angefeuchtet werden. Am besten beachtet man genau die auf der Verpackung gedruckte Anweisung der Hersteller. Bei der Verwendung von Trockenfutter ist dringend zu beachten, daß der Hund die notwendige Feuchtigkeitsmenge über das Trinkwasser erhält.

Oben: *Ein Großpudel, der mit einem jungen und aktiven Besitzer draußen auf dem Lande lebt, braucht meist mehr Futter als ein Großstadthund.*

Pudelart	Körpergewicht	tägliche Futtermenge
Großpudel	27 kg	453–680 g + Hundekuchen
Kleinpudel	8–10 kg	200–280 g + Hundekuchen
Zwergpudel	6–8 kg	120–200 g + Hundekuchen
Toypudel	2–4 kg	90–120 g + Hundekuchen

BEWEGUNG

Auch bei der Frage, wieviel Bewegung jede der einzelnen Pudelrassen braucht, kann man keine allgemeinen, auf alle Hunde zutreffenden Regeln aufstellen.

Nachstehende Faktoren müssen berücksichtigt werden: Größe des Hundes, Alter, Leben in der Stadt oder auf dem Land, ob der Hund nur mit Menschen oder auch mit anderen Hunden zusammenlebt. Wohnen etwa zwei Pudel gemeinsam in einer Wohnung, zu der ein ziemlich großer Garten gehört, dann rennen und spielen sie zusammen natürlich über den ganzen Tag, bis sie ermüden. Lebt dagegen nur ein Großpudel in einer Großstadtwohnung, wird er zum recht frustrierten Tier. Großpudel brauchen viel mehr Bewegung als ihre kleineren Verwandten. Selbst wenn ihm ein relativ großer Garten zur Verfügung steht, braucht der Großpudel zusätzlich zumindest 1 1/2 bis 2 Stunden tägliche Bewegung. Diese findet er optimal in Spaziergängen mit seinen Besitzern. Kleinpudel brauchen einen täglichen Spaziergang von einer halben bis einer Stunde, Zwergpudel etwa eine halbe Stunde. Keinesfalls darf man Toypudel zuviel bewegen.

Beim täglichen Auslauf sollte man daran denken, daß alle Hunde ein Halsband tragen müssen, auf dem Name und Adresse des Besitzers stehen, hinzu kommt meist eine Steuermarke. Niemals darf man einen Hund alleine frei laufen lassen. Verursacht er nämlich irgendeinen Verkehrsunfall oder anderen Schaden, ist alleine der Hundehalter hierfür verantwortlich, ersatzpflichtig. Der Hund darf sich auf Straßen und öffentlichen Plätzen ausschließlich unter der Kontrolle seines Besitzers bewegen. Keinesfalls darf der Hund Stellen verunreinigen, auf denen andere Menschen spazierengehen, oder gar Kinder spielen. Im Notfall ist alleine der Rinnstein erlaubt, am besten führt man eine kleine Fifitüte mit sich, mit der man Kot sofort beseitigen kann.

Unten: *Ch. Montravia Tommy Gun, der erfolgreichste Ausstellungspitzenhund aller Zeiten im fröhlichen Spiel mit Marita Gibbs, seiner Besitzerin.*

GESUNDHEITSFÜRSORGE

Als Erwachsener braucht ein gut aufgezogener, ernährter und bewegter Pudel nur wenig Körperpflege, aber eine tägliche Routinekontrolle von Augen, Ohren, Analdrüsen, Zähnen, Krallen und Ballen empfiehlt sich in Verbindung mit regelmäßiger Fellpflege (siehe Kapitel vier). Dabei entdeckt man eventuell auftretende Probleme bereits im Frühstadium, kann erforderlichenfalls den Tierarzt hinzuziehen.

Augen
Pudel haben häufig »laufende Augen«, man sieht es besonders oft bei den Farben weiß und apricot, aber es tritt bei allen Größen und Farben auf. Selbst für einen erfahrenen Tierarzt kann es sich als schwierig, manchmal sogar frustrierend erweisen, dieses Problem zu lösen, aber regelmäßiges Säubern mit den üblichen Hausmitteln verbessert das Aussehen der Augen, reduziert örtliche Hautprobleme.

Sind die Augen entzündet oder sondern Eiter ab, prüft man das Auge auf Fremdkörper wie Grassamen, badet das Auge dann mit einem in kaltes Wasser getauchten Wattebausch. Hat man den Eindruck, daß der Pudel bei dieser Behandlung und dem Baden Schmerzen empfindet, sollte man sofort tierärztlichen Rat einholen.

Ohren
Ohren sollten stets rosa und sauber sein, keinesfalls unangenehm riechen. Für die Reinigung benutzt man Baumwollwatte, in Mandel- oder Olivenöl getaucht und reinigt damit das Ohrinnere. Keinesfalls darf man dabei tief in den Ohrkanal eindringen. Erscheint der Ohrkanal schmutzig, riecht er unangenehm, ist ein Besuch beim Tierarzt unerläßlich.

Etwa alle sechs Wochen sollten die Haare mit Daumen und Zeigefinger aus dem Ohr ausgezupft werden. Vernachlässigte Ohren entzünden sich, werden schmerzhaft, die Haut verdickt sich. Manchmal bleibt dann nur noch ein chirurgischer Eingriff. Manchmal leisten Pudel gegen das Auszupfen von Haar entschiedenen Widerstand, in einem solchen Fall bedarf es noch häufigerer Kontrollen auf schlechten Geruch und Ausfluß.

Analdrüsen
Diese liegen beidseits des Afters sollten regelmäßig kontrolliert werden. Manchmal werden die Analdrüsen verstopft, es bildet sich ein Abszeß. Beobachtet man beim Pudel Anzeichen, daß er im Sitzen über den Boden rutscht oder kreisförmig seiner Rute nachjagt, ist es immer klug, diese Drüsen zu kontrollieren. Leichte Fälle lassen sich einfach, wenn auch etwas unangenehm beseitigen. Da diese Drüsen eng beim Analausgang liegen, kann man sie durch Druck von Daumen und Zeigefinger auf beiden Seiten des Afters schnell entleeren. Es ist angebracht, den Tierarzt oder den Züchter zu bitten, diese Methode zu demonstrieren, damit kann man künftige Schwierigkeiten vermeiden.

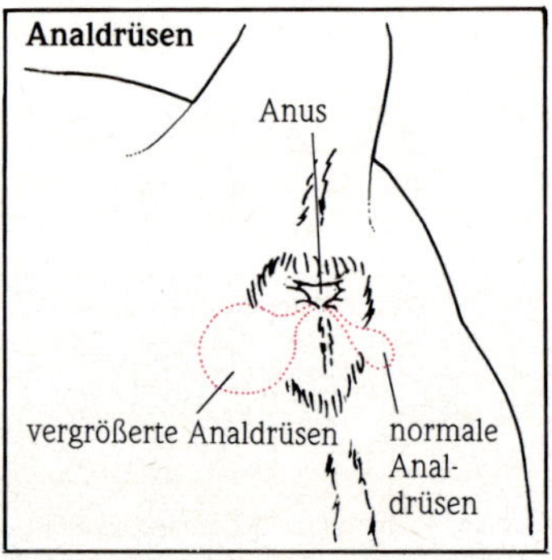

Oben: *Die Analdrüsen des Hundes liegen dicht unter der Haut, ein klein wenig beidseits unter dem Afterausgang. Im Normalfall entleeren sie sich während des Stuhlgangs von selbst. Sind sie leer, kann man sie nicht fühlen, verstopft quellen sie bis auf Traubengröße an.*

Zähne
Man sollte dafür sorgen, daß die Zähne des Pudels stets in guter Verfassung sind. Hierzu sollte man zumindest einmal in der Woche mit einer Hundezahncreme die Zähne bürsten.

Durch Verfütterung von weichem und suppigem Hundefutter entsteht häufig innerhalb kurzer Zeit Zahnstein. Diesen kann man mit einem Zahnschaber entfernen, muß aber unbedingt darauf achten, daß dieser Schaber zwischen Zahnfleisch und Zahnstein angesetzt wird. Dann läßt sich der Zahnstein mit einiger Erfahrung leicht ablösen. Die meisten Pudel leisten gegen eine solche Behandlung einigen Widerstand. Ein kurzer Besuch beim Tierarzt erspart dem Hundebesitzer eine Auf-

Zähne des ausgewachsenen Hundes

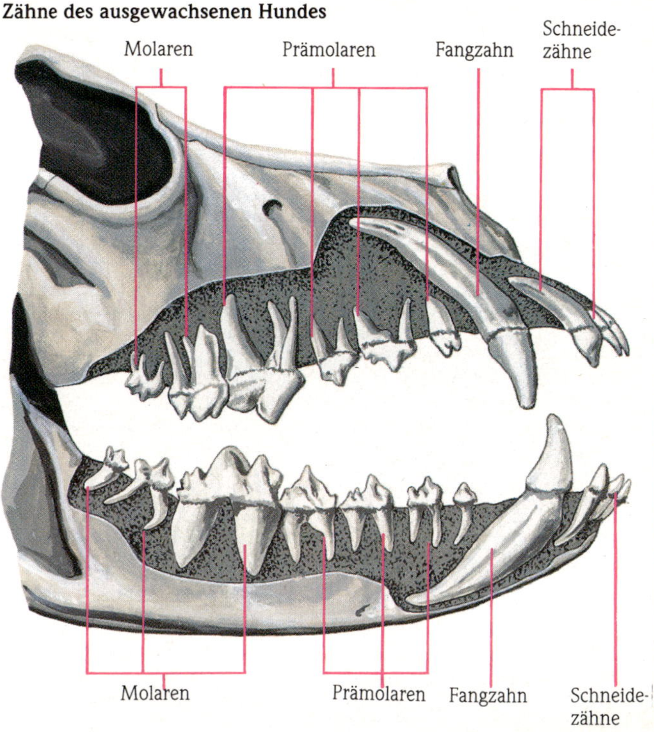

gabe, die sich als schwierig erweisen kann.

Der Zustand der Zähne sollte laufend beobachtet werden. Jedes Anzeichen einer Färbung oder Rötung des Zahnfleisches bedarf der Kontrolle durch den Fachmann. Schlechte Zähne sind insbe-

Unten: *Einmal innerhalb von sechs Wochen sollte man das Haar aus den Ohren des Pudels auszupfen. Dadurch verhindert man, daß sich die Ohren entzünden, sich das Ohrgewebe verdickt und dadurch dem Hund Schmerzen bereitet. Schwere Fälle der Vernachlässigung können eine Operation erforderlich machen.*

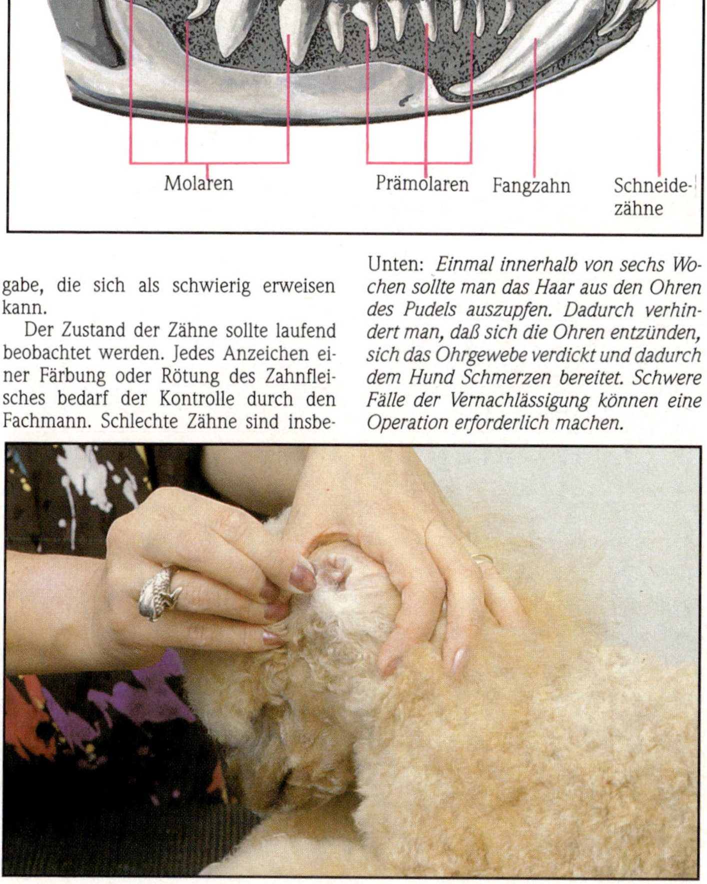

sondere bei älteren Hunden häufig die Ursache eines schlechten Allgemeinzustandes.

Nicht rechtzeitiges Ausfallen des Milchgebisses kann für die zweiten Zähne langfristige Probleme auslösen.

Im allgemeinen kann man davon ausgehen, daß bis zu dem Zeitpunkt, da alle zweiten Zähne ausgetreten sind, das Milchgebiß ausgefallen sein sollte. Ist aber bis zu diesem Zeitpunkt irgend ein Milchzahn übrig geblieben, sollte man einen Tierarzt aufsuchen, der – notfalls unter Betäubung – den Milchzahn entfernt. Das volle zweite Gebiß des Hundes umfaßt 42 Zähne. Am Oberkiefer gibt es 6 Schneidezähne, 2 Fangzähne, einen auf jeder Seite der Schneidezähne. Hinter jedem der Fangzähne stehen 4 Prämolaren, auf jeder Seite dahinter 2 Molaren, insgesamt sind es 20 Zähne im Oberkiefer. Im Unterkiefer ist die Verteilung identisch, es gibt aber anstelle von 2 Molaren auf jeder Seite 3, so daß insgesamt 22 Zähne im Unterkiefer stehen.

Über Probleme einer fehlerhaften Gebißstellung kann der Tierarzt aufklären, also wenn bei geschlossenem Kiefer die Zähne in falscher Stellung stehen, ebenso bei Rückbiß oder Vorbiß (vergleiche Illustrationen in Kapitel sieben, S. 98).

Krallenpflege
Bei einer anatomisch richtig geformten Pudelpfote und viel Bewegung auf hartem Untergrund brauchen die Krallen im allgemeinen wenig Pflege. Leider haben viele Pudel schwache Pfoten mit leicht gespreizten Ballen und auch Nägel, die ziemlich oft geschnitten werden müssen, da sie schnell wachsen. Die Blutversorgungsgefäße im Nagel gehen fast bis zum Nagelende, das macht es schwierig, schmerzlos Krallen zu schneiden. Man benutzt eine starke Nagelschere, am besten ein Spezialgerät System Guillotine für Hundekrallen. Ist der Nagel selbst hell, ist es im allgemeinen möglich, den toten Teil zu erkennen und zu entfernen, ohne dabei in das »Leben« zu schneiden. Bei schwarzen Nägeln ist dies schwieriger, deshalb schneidet man diese immer nur ein klein wenig zurück, aber öfter. Verursacht man dennoch eine Blutung des Nagels, stoppt ein wenig Permanganat der Pottasche oder ein blutstillender Stift die Blutung schnell. Nach dem Schneiden feilt man den Nagel mit einer Spezialfeile für Hunde glatt, man erhält solche Feilen normalerweise im Fachgeschäft.

Parasiten
Erwachsene Pudel werden von einer Reihe innerer und äußerer Parasiten befallen, einige davon wurden bereits ausführlich in Kapitel zwei erwähnt.

Spulwürmer Über ihr ganzes Leben sollten erwachsene Pudel im Abstand von sechs Monaten gegen Spulwürmer durch Medikamente behandelt werden, die man am bestem beim Tierarzt erhält.

Bandwurm Bei Bandwurmbefall bedarf es tierärztlicher Hilfe. Bandwürmer sind für die Familie kein direktes Gesundheits-

Unten: *Drei Arten von Nagelzangen – am einfachsten zu verwenden ist der Guillotinetyp in der Mitte. Bei Verletzungen stoppt etwas Permanganat jede Blutung. Zum Abrunden der rauhen Schnittflächen verwendet man eine Nagelfeile.*

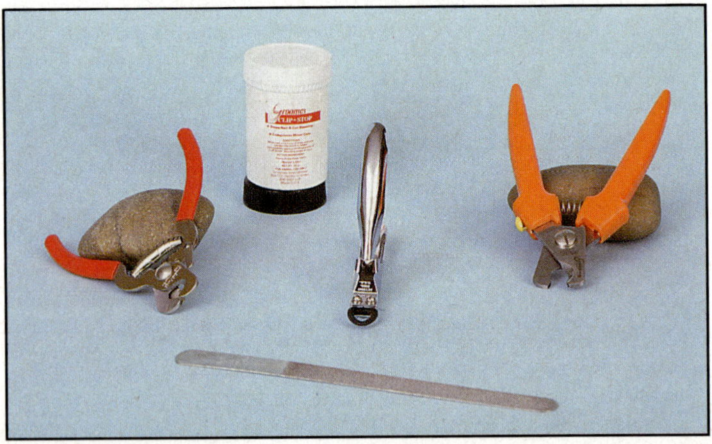

risiko, aber Hausrezepte sind gegen Bandwürmer selten wirksam. Für seine Entwicklung braucht der Bandwurm einen Zwischenwirt, meist ein Nagetier oder einen Floh. Ein sicheres Anzeichen für Wurmbefall ist das Auftreten von Bandwurmgliedern im Kot, manchmal auch am After des Hundes; diese ähneln Gurkensamen oder Reiskörnern.

In Gebieten, in denen die Hydatiderkrankung auftritt, muß der Hund regelmäßig Bandwurmkuren unterzogen werden. Dieser Hundebandwurm hat Schaf und Hirsch als Zwischenwirt, die Eier können auch auf den Menschen übertragen werden.

Bei Bandwurmbefall gibt es wenig Krankheitsanzeichen beim Hund, erst im fortgeschrittenem Stadium bei schwerem Befall treten Durchfall und Gewichtsverlust auf.

Herzwürmer Dies sind Parasitenwürmer, die man im Herzen des Hundes antrifft. Hunde sind die einzigen Säugetiere, die von diesen Würmern befallen werden, der Wurm wird durch Moskitos übertragen. Er tritt in Afrika, Asien und großen Teilen der USA auf, besonders an der US-Ostküste. In Gebieten, in denen diese Erkrankung vorkommt, ist während der Moskito-Saison tägliche vorsorgliche Behandlung erforderlich. Tierärztliche Beratung ist notwendig, ebenso ein jährlicher Bluttest, der bestätigt, ob der Hund frei von Infektionen ist.

Flöhe Diese treten recht häufig auf, sind nicht besonders wählerisch, wo sie leben, wen sie beißen. Mit der Zunahme von Zentralheizungen und Teppichböden haben sie sich leider verbreitet. Flöhe brauchen nicht auf dem Hund zu leben, sie brauchen ganz einfach einen warmblütigen Körper, wenn sie hungrig sind. Da Flöhe klein und aktiv sind, sieht man sie zuweilen überhaupt nicht. Man entdeckt sie bei der Fellpflege, wenn einem dabei dunkelbraune Ausscheidungen auffallen.

Flohbekämpfung ist ein wichtiger Teil der Fellpflege. Flöhe lösen Hautprobleme aus, wenn der Hund gegen ihren Biß allergisch reagiert, sie können auch bei Menschen juckende rote Flecken verursachen. Es gibt heute Insektizide, welche nachhaltig die Flohvermehrung unterbinden, – ein großer Fortschritt! Immer muß man den Hund selbst und seine gesamte Umgebung gleichzeitig behandeln. Bei Anwendung von Insektiziden beachte man die Anweisungen der Hersteller. Man sollte immer wissen, diese Mittel sollten die Flöhe töten, nicht den Gastgeber!

Demodexräude Dies ist ein seltsamer Parasit, der in großer Menge auf Hunden leben kann, ohne irgendwelche Symptome auszulösen. Kommt es aber zu Reaktionen, ist die Behandlung oft langwierig und schwierig. Heute lassen sich die meisten Tiere heilen. Man muß sich aber vor Augen halten, daß Grundlage der Erkrankung in aller Regel ein erblicher Fehler im Immunsystem ist, deshalb sollte man von solchen Hunden nicht züchten, es sei denn, die Erkrankung wäre nur ganz leicht und vorübergehend aufgetreten. Auf jeden Fall sollte man die Angelegenheit mit seinem Tierarzt besprechen.

Läuse (prediculosis) Läuse werden entweder durch direkten Kontakt oder über verunreinigte Bürsten und Kämme übertragen. Sie sammeln sich besonders gerne unter dem dichten Haar rund um Ohren, Hals und an den Körperöffnungen, verursachen starken Juckreiz. Im Pudelhaar sind sie recht schwierig zu entdecken, da sie nur drei Millimeter lang werden. Hat man einen Verdacht auf Befall, badet man seinen Hund mit einem Insektizid-Shampoo (siehe Kapitel vier, Seiten 60–61 über das Baden). Empfohlen wird dreimaliges Baden mit jeweils einer Woche Abstand und Abscheren der verfilzten Haarstellen (siehe Seite 62–67 über die Schur). Läuse leben und vermehren sich ausschließlich auf dem Hund, deshalb ist es nicht notwendig, gleichzeitig die Umgebung des Hundes zu behandeln.

Zecken Beim Laufen durch Gras, Gehölz und an sandigen Stränden können Hunde Zecken auflesen. Diese blutsaugenden Insekten bohren sich mit ihren Saugrüsseln fest in die Hundehaut, verursachen Juckreiz, und daraus entstehen häufig sekundäre Hautinfektionen. Beim Zeckenbeseitigen betupft man diese mit Äther, Alkohol oder Flohspray. Dadurch lösen sich die Saugwerkzeuge am Kopf, man kann mit einer Pinzette oder mit den Fingern das ganze Insekt herausdrehen. Man kann den Hund auch regelmäßig mit Zugabe eines Antizeckenmittels baden, um Befall zu vermeiden. Das wird insbesondere bei Kontakt des Hundes mit Schafen empfohlen. Auch die Umgebung des Hundes sollte sorgfältig desinfiziert werden. In einigen Ländern übertragen Zecken ernsthafte Erkrankungen wie Anaplasmose und Babesiose, es kann selbst zu einer Zeckenlähmung führen.

REISEN

Eine der unangenehmsten Aussichten für eine Reise mit Hunden ist die Tatsache, daß sehr viele unter Reisekrankheit leiden. Nach meiner Erfahrung sollte man Jungtiere im Alter zwischen 7 und 9 Wochen bereits an das Auto gewöhnen, dann leiden sie nur selten an der Autokrankheit.

Boxen und Käfige

Nach meiner Erfahrung leiden heranwachsende und ausgewachsene Pudel viel weniger an Reisekrankheiten, wenn man sie im Auto in einer Box unterbringt, die gut belüftet ist, nur den Blick nach vorne erlaubt. Die Lichtveränderungen durch Bäume, Wolken, Lampen über dem Kopf scheint Hunde zu stören, löst oft Nervosität und Reiseerkrankung aus.

So ist es für Zwerg- und Kleinpudel viel angenehmer und sicherer, in überdeckten Käfigen oder Boxen zu reisen. Oft höre ich Hundeliebhaber sagen, es sei Tierquälerei Hunde in solche Boxen zu stecken. Sie sehen dies völlig verkehrt! Ist Box oder Käfig bequemgemacht, hat im Winter eine warme Decke, ein kühles Stück Leinen im Sommer, wird jeder kleine Hund seinen Käfig als seine Höhle, sein spezielles Eigentum ansehen. Läßt man die Tür des Käfigs zu Hause offen, wird der Hund in aller Regel völlig freiwillig sich auf dieses Lager zurückziehen, wenn er ausruhen möchte. Man wähle für seinen Pudel im Fachgeschäft einen Käfig oder eine Box in der richtigen Größe; dieses Lager muß groß genug sein, daß der Hund aufrecht stehen, sich auch umdrehen kann. Man achte besonders darauf, daß der Verschluß sicher funktioniert.

Auch auf einer langen Autoreise sind Zwerg- und Kleinpudel in ihren Hausboxen völlig sicher und ausgeruht. Auch für den Fahrer bedeutet es eine zusätzliche Sicherheit zu wissen, daß kein temperamentvoller Pudel ihn anspringt oder bei einem plötzlichen Bremsen zu Schaden kommen kann.

Trenngitter

Großpudel werden aufgrund ihrer Größe nur selten in Käfigen transportiert. Möchte man sie im Auto mitnehmen, sollte man ein Trenngitter einschrauben. Dies beschränkt den Hund auf den hinte-

Rechts: *Zwei sichere Reiseboxen, beide leicht zu tragen. Verwendet man den offenen Käfig im Winter, braucht man eine zusätzliche Abdeckung.*

Oben: *Dieser Käfig ist für den darin befindlichen Pudel zu klein. Der Hund hat Schwierigkeiten, aufrecht zu stehen oder sich richtig zu drehen.*

Rechts: *Käfige sind ein erstklassiges Transportmittel für Zwergpudel zur Hundeausstellung. Im Gegensatz zu dem Kleinpudel im oberen Bild hat dieser Kleinpudel ausreichend Platz, um gemütlich sich in seinem Käfig aufzuhalten.*

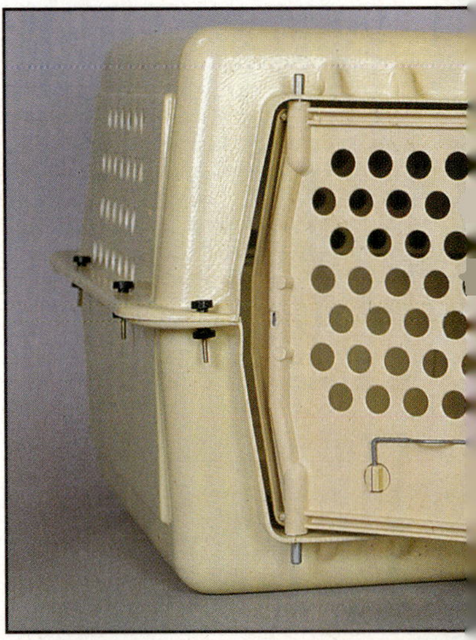

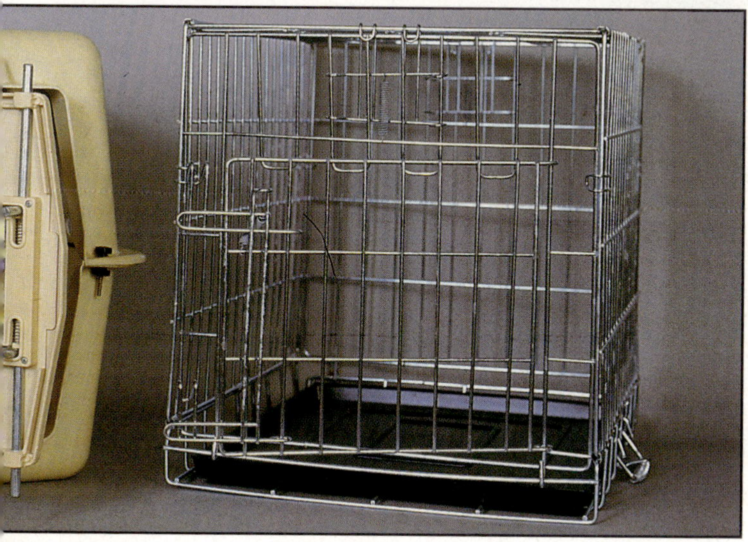

ren Autobereich, in dem er bequem liegen und sicher reisen kann.

Geparkte Autos

Einer der alarmierendsten und folgenschwersten Fehler vieler Hundebesitzer ist die Gewohnheit, gelegentlich ihre Hunde in geparkten Autos zu lassen. Die Witterungsverhältnisse können sich sehr schnell verändern, aus Wolken und Regen wird in Minuten strahlendes Sonnenwetter. Selbst wenn man sein Auto an einem kühlen und schattigen Platz parkt, bewegt sich die Sonne weiter. Ein solcher Wechsel kann die Temperatur im Auto in kürzester Zeit alarmierend verändern.

Eine schmale Öffnung an den Fenstern ist bei direkter Sonnenbestrahlung völlig nutzlos. Werden aber die Fenster so weit geöffnet, daß genügend Luft zirkulieren kann, wird der Hund leicht herausspringen. Das Innere eines Autos kann sich bis auf 50 °C und darüber aufheizen. Bei einer solchen Hitze fällt ein Hund schnell ins Koma, er stirbt innerhalb von 15 Minuten oder noch schneller. **Man lasse nie seinen Hund in einem geparkten Auto!**

VETERANEN

Wird der Pudel älter, bemerkt man eine Reihe von Veränderungen im Verhalten

Oben: *Wenn auch das Autofenster leicht geöffnet ist, kann dieser Pudel in große Schwierigkeiten kommen, falls das Auto, auch nur für kurze Zeit, in der Sonne steht.*

und seiner äußeren Erscheinung. Der Hund hat weniger Widerstandskraft, sein Bewegungshunger nimmt ab, er möchte nur noch wenig spazierengehen, auch Augen und Ohren versagen zuweilen. Die Haut ist nicht mehr so straff, weiße Haare treten zunächst am Fang älterer Pudel aller Farben auf, natürlich mit Ausnahme der weißen. Auch das Nasenpigment wird mit dem Alter schwächer, oft beginnen Pudel jetzt Gewicht anzusetzen.

Es gibt viele Arten, auch einen alten Hund glücklich zu halten. Erprobte Gewohnheiten der Fütterung und Bewegung werden fortgesetzt, die Futtermenge jedoch der geringeren Bewegung angepaßt. Man achte immer darauf, dem Hund ein warmes und bequemes Lager zu bieten. Man meidet nach Möglichkeit Nässe, Kälte und Zugluft.

Alter ist auch bei Hunden durch Erkrankungen leichterer und schwerer Art begleitet. Fast alle Krankheiten können durch moderne Medikamente behandelt werden. Trotzdem kommt der Augenblick, daß die Entscheidung ansteht, ein Hundeleben zu beenden. Viele Hundebe-

Oben: *Dies ist eine reizende Studie eines Pudels im höheren Alter. Trotz einer Reihe weißer Haare am Fang und in der Befederung der Ohren ist es noch immer ein sehr hübscher Hund.*

Unten: *Dieses Foto zeigt zwei ältere Pudel, die sich der Wärme und Bequemlichkeit ihres Heims erfreuen, ein Recht aller Hunde, wenn sie in ein höheres Alter kommen.*

sitzer verlängern das sogenannte »Leben« ihrer Hunde aus sehr selbstsüchtigen Gründen, erkennen nicht, wann der Punkt erreicht ist, an dem man nicht das Leben, sondern das Sterben verlängert. Gerade der letzte Freundschaftsdienst eines liebenden und verantwortungsbewußten Hundebesitzers seinem ergebenen, langjährigen Freund gegenüber ist ein schnelles und schmerzloses Ende eines von Leiden geprägten Lebens, das kein »Leben« mehr ist.

Kapitel vier

FELLPFLEGE UND SCHUR

Schurarten
Ausstellungsschur
Fellpflege und Schur des Familienhundes

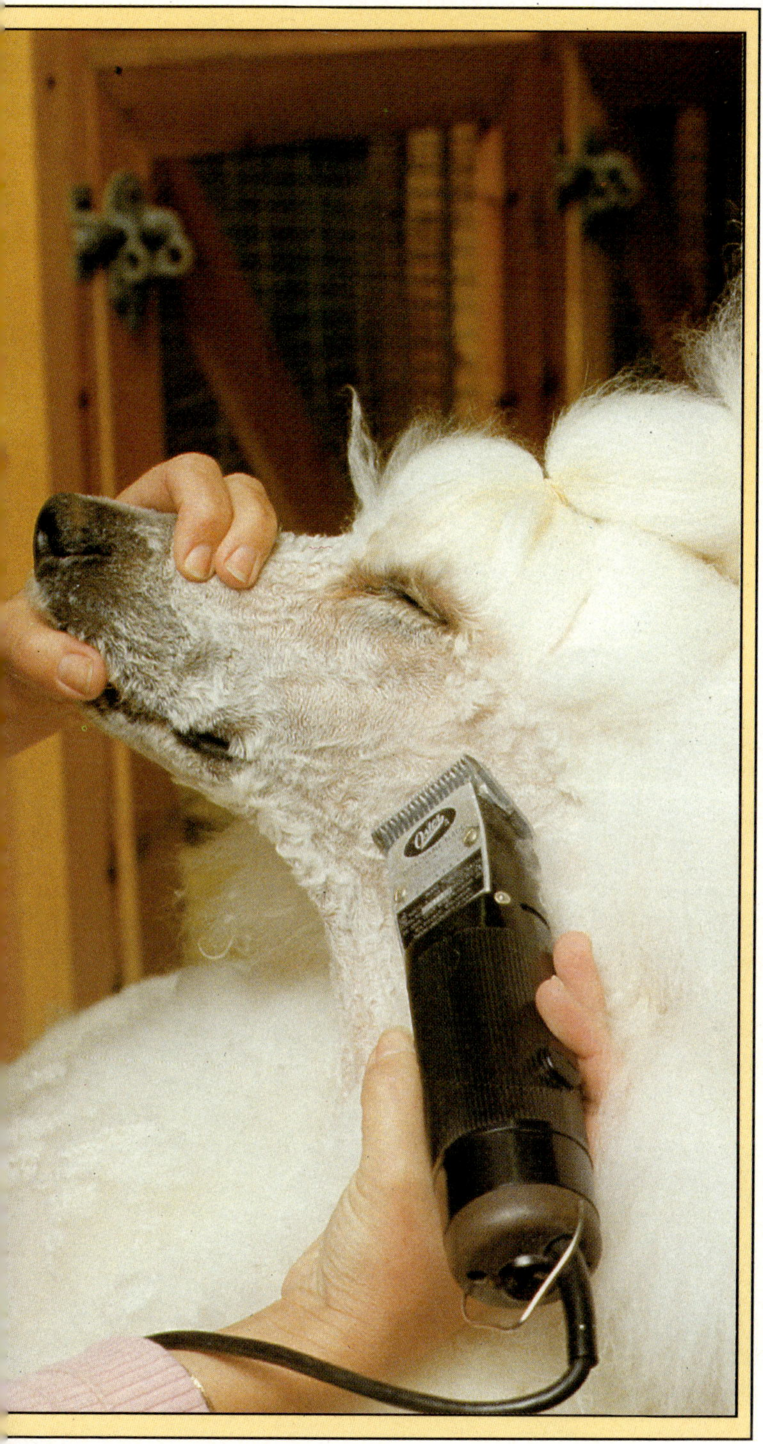

SCHURARTEN

In der Vergangenheit waren Pudel bekannte Wasserhunde, wurden über Jahrhunderte als Jagdhunde eingesetzt, die aus Flüssen und Seen geschossenes Wassergeflügel apportierten. In der Schur ließ man die Mähne stehen, um Herz und Lungen zu schützen, Hinter- und Vorderläufe wurden rasiert, um das Schwimmen zu erleichtern. Man ließ Haarbüschel stehen, um Lendenpartie, Knie und Fußgelenke zu schützen und als Ruder eine Haarquaste am Rutenende. Das Tüpfelchen auf dem I war ein farbenprächtiges Band am Haarschopf (»top-knot«), damit sollte nicht nur verhindert werden, daß die Haare über die Augen des Pudels fielen, sondern der Hundebesitzer sollte den eigenen Hund auch auf Entfernung gut erkennen können. Auf diese Art entstand der englische »Sattel- oder Löwenclip«, eine Tradition, die wie viele andere noch bis in die heutige Zeit hineinreicht.

Moderne Schuren

Über die Jahre kamen und gingen viele modische Schuren. Es gibt die traditionelle Löwenschur, die kontinentale Schur, die Puppyschur und die Modeschur (Lammschur). Dies sind heute die vier Hauptstilarten. Puppy, Löwen- und Modeschur trifft man meist im Ausstellungsring an. Es gibt dann noch eine »Sportschur«, eine Modifikation der Modeschur, die in den USA auch im Ausstellungsring in bestimmten Klassen zulässig ist. Die Lammschur ist die beliebteste Schurart für Familienhunde. Gerade die Popularität von Klein-, Zwergpudeln und Toys als Familienhunden Ende der 50er, Anfang der 60er Jahre geht maßgeblich auf die Lammschur zurück. Dadurch konnten Pudelbesitzer ihre Hunde gut gepflegt, hübsch und sauber halten, sie sahen attraktiv und elegant aus. Die Lammschur ist recht einfach durchzuführen, leicht zu erhalten, läßt man sie weiterwachsen, kann man daraus jede andere Ausstellungsfrisur entwickeln.

Für die Modeschur wird das Haar im Gesicht des Pudels, an den Pfoten und am unteren Rutenteil dicht am Hund sauber abgeschoren. Das Haar an Hals und Körper läßt man länger, etwa 2,5 cm, die Läufe werden mehr mit der Schere als mit der Schermaschine auf eine Haarlänge von etwa 5 cm bearbeitet. Das Haar an Kopf und Rute wird abrasiert, an der Rute läßt man einen »Pom-pom«, an den Ohren wird das Haar lang gelassen, die Fransen aber in eine ordentliche Fassung gebracht.

Unten: *Es ist leicht zu verstehen, wie diese attraktive »Lammschur« (Modeschur) die Popularität in den 1960er Jahren steigerte; ein besonders hübsches Beispiel.*

Oben: *Dieser wunderschöne weiße Großpudel dokumentiert die Eleganz der heutigen kontinentalen Löwenschur.*

Unten: *Diese in England wie in den USA immer beliebter werdende Schurart der Familienhunde nennt man die »Teddybärschur«.*

Fachausdrücke

Top-knot
Kopfhaar

Mane
Langes, dichtes Körperhaar

Saddle oder Pack
Geschorene oder kurz geschnittene Partie an den Hinterläufen

Bands
Kurzgeschnittener Bereich an den Hinterläufen

Bracelets
Haarbüschel an Vorder- und Hinterläufen

Pom-pom
Haarbüschel an Rutenspitze

Rechts: *Dieser wunderschöne weiße Zwergpudel-Champion unserer Tage bietet das Bild eines eleganten, ausgewogenen Hundes. Man beachte die perfekte Schur an den wohlgeformten Bracelets, Pom-pom und Mähne. Der Kopf mit seinen ansprechenden dunklen Mandelaugen verleiht dem Pudel seinen typischen Ausdruck.*

Unten: *Dieser Großpudel Ch. Orchard Whiteboy wurde etwa 1904 geboren. Er illustriert, wie stark sich das äußere Erscheinungsbild des Pudels gewandelt hat. Diesem Hund fehlt Eleganz und Ausgewogenheit, die schwere, unbearbeitete Mähne läßt ihn völlig halslos erscheinen.*

Ausstellungsschur

Die Puppyschur wird für einen Pudel im Ausstellungsring bis zu einem Alter von einem Jahr akzeptiert, bei ihr werden Gesicht, Pfoten und Rutenwurzel sauber geschnitten. Das Rutenhaar wird mit der Schere zu einem runden »Pom-pom« geschnitten. Das Haar an Kopf, Körper und Läufen wird ausgekämmt, leicht mit der Schere bearbeitet, um eine saubere, natürliche äußere Linie zu erreichen. Die Ohrfransen läßt man lang, rundet sie sauber ab.

Wir verdanken die heutige vorzügliche Ausstellungspräsentation der Pudel aller vier Größen in Europa nach meiner Meinung in erheblichem Umfange amerikanischen Ausstellern, die sich über die Jahre in der Pflege und Schur vieler Hunderassen, nicht zuletzt des Pudels auszeichneten. Im Jahre 1966 schickte Mrs. Susan Fraser ihren Großpudel, den in Amerika/Kanada gezüchteten Eng. Am. und Ca. Ch. Bibelots Tall Dark and Handsome durch die Ausstellungen Englands in der Hoffnung, den Titel English Champion zu erringen. Diesen Titel errang dieser Pudel mit Leichtigkeit, wurde 1966 zum Hund des Jahres und gewann 1967 auf Crufts die herausragende Qualifikation Reserve Best in Show. Dies war die erste Gelegenheit, daß die Aussteller in England einen Pudel der amerikanischen Art englischer Sattelschur zu Gesicht bekamen. Der Eindruck erwies sich als nachhaltig, seither hat sich die Pudelpräsentation laufend verbessert, was sich besonders im Vergleich der Großpudel Ende

der fünfziger Jahre mit der herausragenden Präsentation des Supreme Champion auf Crufts 1985 Ch. Montravia Tommy Gun zeigte.

Die heutige englische Sattelschur unterscheidet sich beträchtlich von der der 30er Jahre, als die Schur aus dichtem, gelocktem Haar bestand. Die Mane wurde länger und immer länger, um die Länge des »Sattels« auszugleichen, gleichzeitig wurden die Bracelets an den Vorderläufen vergrößert und tiefer gesetzt, um dadurch jede Kopflastigkeit zu vermeiden. Dies alles führte nach meiner Meinung zu einem mit viel zu viel Fell belassenen halslosen Hund, unausgewogen und mit wenig Eleganz.

Die Kontinentalschur, über lange Jahre aus der Mode geraten, wurde über die letzten zwei Jahrzehnte immer populärer. Ihre klaren und sauberen Linien präsentieren den eleganten Pudel geradezu perfekt.

Die zwei Vorstellarten, für englische Ausstellungen zwingend vorgeschrieben, ähneln sich in vielen Teilen. Die englische Sattelschur läßt den Bereich der Hinterhand, den »Sattel« kurz getrimmt. Dieser Körperteil ähnelt der Wolle eines Persianerlamms, wird sie ausgekämmt, hat man eine samtartige Oberfläche, an die sich an beiden Läufen zwei »Bracelets« (Böllchen) anschließen. Bei der Kontinentalschur werden die Hinterläufe kurz geschoren, über den beiden Hüftknochen steht jeweils ein »Pom-pom« (den man oft als »Nierenflecken« bezeichnet), ebenso folgt an jedem Lauf ein Pom-pom.

FELLPFLEGE UND SCHUR DES FAMILIENHUNDES

Einleitend möchte ich auf einige Punkte hinweisen, die nach meiner Meinung recht wichtig sind, ehe ein Hundebesitzer den Versuch unternimmt, seinen eigenen Pudel zu trimmen und zu pflegen.

Als erstes: schriftliche Anweisungen können zwar helfen, aber nicht alleine die korrekte und sichere Art der Benutzung von Schermaschinen wie Scheren lehren. Deshalb rate ich nachdrücklich, einen Scher- und Trimmkurs, abgehalten von einem Experten, zu besuchen. Solche Kurse werden oft in den Hundezeitschriften angeboten und angekündigt.

Aus Platzgründen kann ich nur wenige Hinweise für den Familienhund aufnehmen, konzentriere mich auf die Lammschur oder Familienhundschur. Die elegante und so attraktive Löwenschur ist schwierig zu beherrschen. Man braucht viele Monate, sogar Jahre, um den Grad an Perfektion zu erreichen, der notwendig ist, um den Pudel optimal in dieser Schur zu präsentieren. Keine zwei Hunde sind gleich; der eine gewinnt durch einen kurzen Scherstil, bei dem anderen ist ein lockerer Stil angemessen. Beide werden bei einem Scherexperten in der äußeren Linie und Balance gewinnen. So weiß der Fachmann, neben seinen Kenntnissen der Handhabung von Schermaschine und Scheren, aus Erfahrung genau, wie er jeden einzelnen Pudel entsprechend seinen körperlichen Merkmalen präsentieren muß, Schur und Körperbau harmonieren.

Ausrüstung

Wenn der Hundeliebhaber gerne seinen eigenen Pudel baden, scheren und pflegen möchte, muß er sich zunächst mit der korrekten Pflegeeinrichtung bekannt machen, die richtige Verwendung jedes Werkzeuges kennen.

Unten: *Stahlkämme verschiedener Arten und Größen. Die nützlichsten haben zur Hälfte mittelgroße, zur Hälfte mittelfeine Zähne. Der Kamm oben in der Mitte hat besonders für das Auskämmen verfilzten Haares geeignete Zähne.*

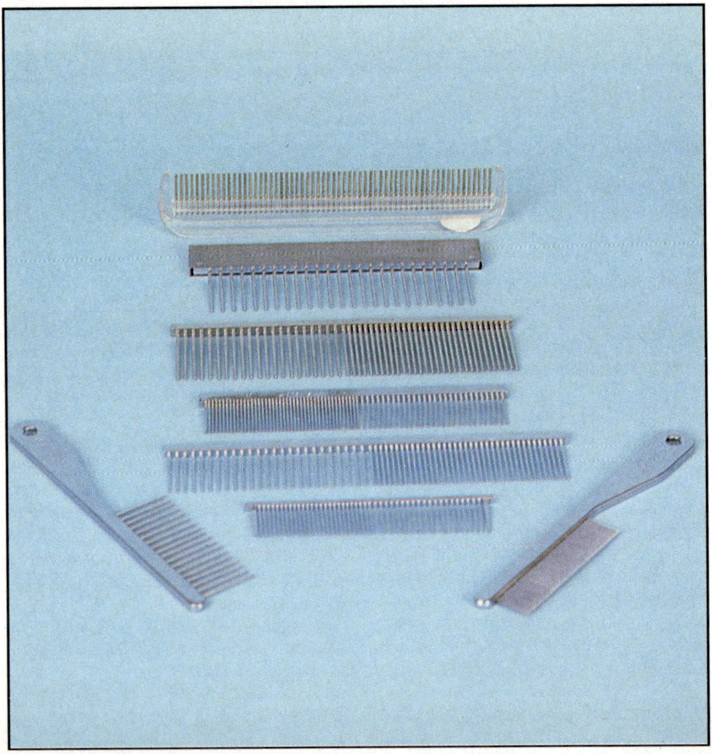

Oben: *Verschiedene Scheren, von links nach rechts – 18 cm Schere zum Schneiden der Konturen, Bogenschere für Pompoms und Bracelets; zwei stumpfgeformte Scheren aus Sicherheitsgründen; kleine Schere zur Arbeit zwischen den Ballen.*

Unten: *Quadratische Bürsten für Bracelets und kurzes Haar. Stahlbürsten mit kissenartigem Sockel für längeres Haar. Bürsten und Nylonbürsten für Jacke, Ohren und Top-knot.*

Stahlkamm Dieser sollte abgerundete Zähne, für den Großpudel zumindest 4 cm lang, haben. Für Kleinpudel, Zwerge und Toys benutzt man einen Stahlkamm mit Zähnen von 2–2,5 cm Länge. Die meisten Stahlkämme haben zur Hälfte mittelbreite, zur Hälfte halbfeine Zahnstellung.

Scheren Man sollte stets Scheren von guter Qualität kaufen, nach Möglichkeit rostfreie Stahlscheren. Länge und Typ der Scheren sind in erster Linie eine Frage persönlicher Erfahrung. Eine 19 cm lange Schere ist leichter zu handhaben als eine Schere von 22 cm Länge. Scheren mit stumpfen Enden sind für Junghunde und

Schneiden des Augenbereiches nützlich.

Bürsten Eine kleine Bürste mit dicht gestellten, gebogenen Drähten sollte für die Bracelets und das kurze Haar verwendet werden, eine Drahtbürste auf einem kissenartigen Sockel für das längere Haar, eine reine Naturbürste wird für die Mane und den Top-knot empfohlen.

Schermaschine Größe und Art der Schermaschinen variieren außerordentlich, angeboten werden verschiedengroße Scherblätter entsprechend der gewünschten Haarlänge. Das Haar an Gesicht, Pfoten und Rute ist viel kürzer als das Haar am Körper. Beispielsweise hat die Oster Nr. 5 austauschbare Scherblätter, Nr. 15 für die kurze Schur, Nr. 5 für den Körper. In Deutschland wird Aesculap Favorita (Hartkopf) empfohlen.

Haartrockner Für Klein- und Zwergpudel ist jeder Haartrockner, der auf einem festen Sockel steht, brauchbar. Man braucht nämlich beide Hände, um zum einen den Pudel zu kontrollieren, zum anderen gleichzeitig das Haar zu trocknen. Der Großpudel braucht einen viel stärkeren Trockner, der viel Wärme abgibt, wie er insbesondere von Hundesalons verwendet wird.

Shampoo Im Fachgeschäft gibt es Spezialhundeshampoo, auch Insektizide-Shampoo zur Parasitenbekämpfung. Für Junghunde wird insbesondere ein Shampoo empfohlen, das keinesfalls die Augen reizt. Es gibt eine Vielzahl von Shampoos, die zur Verbesserung des Haarkleids hergestellt werden; ein Shampoo für weiße Pudel ist in der Regel für schwarze Hunde nicht geeignet.

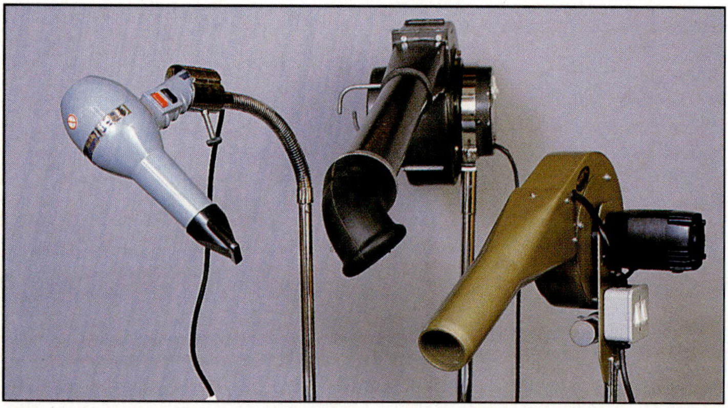

Oben: *Drei starke Haartrockner auf Stativen. Hiermit hält man die Hände frei um während des Trocknens den Pudel in der Hand zu haben und bürsten zu können.*

Unten: *Es gibt vielerlei Arten von Schermaschinen mit Scherblättern verschiedener Größen entsprechend den individuellen Anforderungen.*

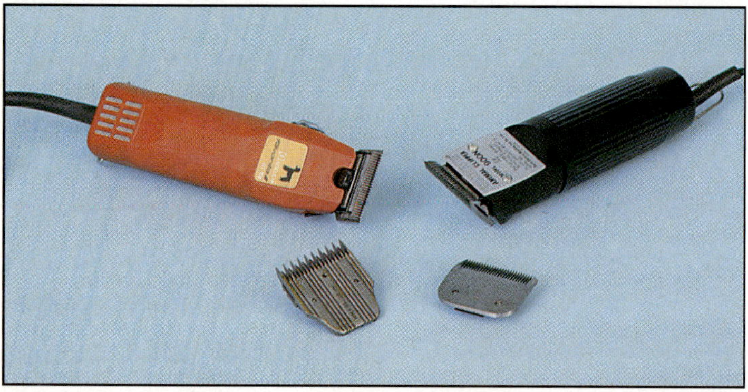

Kämmen und Bürsten
Vor dem Baden eines Pudels ist es von größter Bedeutung, daß zuvor das Fell völlig bis auf die Haut durchgekämmt und gebürstet wird. Am einfachsten legt man den Pudel auf eine Körperseite und lokkert das Haar. Man beginnt mit dem Kämmen am Haarende, geht dann mit dem Kamm durch die ganze Länge des Haares nach unten bis auf die Haut des Hundes zu den Haarwurzeln. Besonders sollte man darauf achten, die Bereiche unter den Vorderläufen und unter den Ohren zu behandeln.

Pflegt man das Pudelfell nicht täglich, führt dies zu Verfilzungen, insbesondere im Frühling und Herbst, zu Zeiten des Haarwechsels. Das Fell kann so stark verfilzen, daß die einzige Lösung im kompletten Abscheren besteht.

Oben: *Eine Fachfrau der Pudelpflege demonstriert, wie man einen Pudel hält, um die Unterseite des Hundes zu bürsten. Die beste Technik sind kurze Striche mit der Bürste, um das Haar mehr anzuheben als zu glätten.*

Baden

Hat man das Pudelfell von Verfilzungen befreit, ist das Baden recht einfach. Man steckt etwas Watte in jedes Ohr, duscht dann den Pudel gründlich mit der Handbrause und handwarmem Wasser. Danach wird der Körper gut einshamponiert, ebenso Läufe und Pfoten. Dann behandelt man Kopf und Ohren, achtet dabei sorgfältig darauf, daß keine Seife in die Augen gerät. Abspülen und neu shamponieren, dann nochmals ausspülen, bis alle Seifenreste entfernt sind, das Wasser völlig klar ist. Dann streicht man so viel Wasser wie möglich aus dem Fell, entfernt die Watte aus den Ohren und rubbelt den Hund mit einem warmen Tuch. Mit dem Haartrockner wird nun immer nur ein kleines Stückchen Fell gebürstet und getrocknet, der Haartrockner ist auf mittlere Hitze eingestellt. Ist der Hund völlig trokken, kämmt man ihn von Kopf bis zur Rute nochmals nach. Danach kann man mit dem Scheren beginnen.

3 *Man spült das Hundefell solange aus, bis das Wasser völlig klar ist. Man achte sorgfältig darauf, daß kein Wasser in die Ohren kommt, diese werden durch ein Stück Watte geschützt.*

4 *Nach dem Abspülen entfernt man das Wasser soweit wie möglich aus dem Pudelfell. Dies geschieht am besten mit einem wasseraufsaugenden Schwamm, wie hier gezeigt.*

1

1 *Eine Gummimatte als Unterlage verhindert, daß der Hund ausrutscht. Man duscht den Hund mit lauwarmem Wasser und shamponiert zunächst Körper und Läufe.*

2 *Beim Shamponieren des Kopfes muß man sorgfältig darauf achten, daß keine Seife in die Augen gerät, dazu hält man den Kopf wie hier gezeigt.*

2

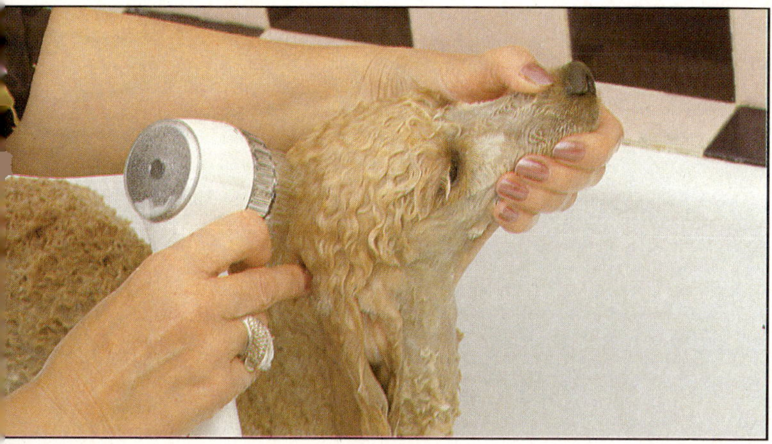

3

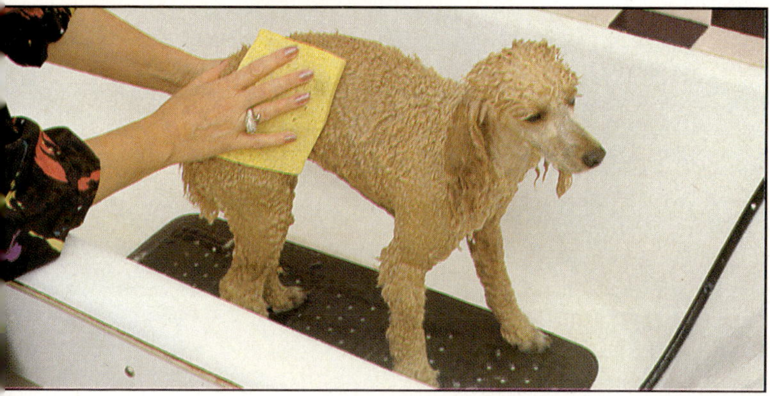

4

5 *Man entfernt die Watte aus den Ohren, packt den Pudel in ein großes, warmes Badetuch und entfernt vor dem Haartrocknen und Bürsten soviel Wasser wie möglich.*

6 *Dieses Pudelfell sieht sauber und gut gepflegt aus. Die letzten Striche an den gut befransten Ohren vervollständigen das attraktive Bild.*

5

6

Die Lammschur

Stufe eins Der Hund wird auf einen festen Tisch gesetzt, dann schert man die Pfoten von den Zehen nach oben, läßt dabei 2,5 cm der Fußfessel unbearbeitet. Um das Haar zwischen den Zehen zu entfernen, bevorzuge ich eine Schere mit stumpfen Enden. Pudelpfoten sind recht empfindlich, deshalb muß man besonders vorsichtig sein.

Stufe zwei Man hält die Schermaschine flach gegen die Oberfläche des Kopfes und schert auf beiden Seiten des Kopfes vom Ohrenansatz bis zur äußeren Ecke des Auges.

Stufe drei Man arbeitet 5–8 cm kehlabwärts in Richtung auf den Adamsapfel, hält den Kopf nach oben und entfernt das Haar in einem Dreieck von den Ohren bis zur Kehlenmitte. Man hält die Kiefer eng zusammen und entfernt das Haar auf beiden Seiten des Fangs, beginnt damit unter dem Auge. Zum Schluß entfernt man das Haar über dem Nasenrücken bis zur Nasenspitze.

Stufe vier Man kämmt die Ohren und gleicht ungleiche Enden aus. Man hält den Hund auf sich zu, schneidet über den Augen nach unten in V-Form. Die Ansatzpunkte des V's stehen in einer Linie zu den obersten Punkten des Auges.

Stufe fünf Man formt die Krone je nach Geschmack entweder rund oder quadratisch, beginnt dabei mit den nach außen gerichteten Augenwinkeln und arbeitet sich rund über das Ohr, schneidet dabei alles Haar, das über eine mit der Schere geschnittene Linie zwischen Auge und Ohr fällt. Man mündet dann in das geschorene Halshaar ein.

Stufe sechs Man schert die Rutenoberseite mit dem Scherblatt in Richtung auf den Körper, die Unterseite mit dem Scherblatt vom Körper weg.

Stufe sieben Mit einem Scherblatt Nr. 5 schneidet man vom Hinterhauptbein nach unten zum Rücken, über den Rükken bis zur Rute. Dann schert man die Schulter abwärts über die Rippen und unter dem Körper bis zur letzten Rippe. Man schert nicht über die Hüften.

Stufe acht Man kämmt und formt gleichzeitig mit der Schere die Umrisse der Läufe. Wichtig ist ein stufenloser Übergang zum Körperhaar.

Die ersten Versuche erschöpfen in aller Regel den Pfleger mehr als den Pudel. Aber ganz gleich, wie enttäuscht man auch über das Endresultat sein mag, das nächste Mal ist alles einfacher, wird viel besser, eines Tages wird man sogar stolz auf sein Werk sein.

1 *Beim Abscheren der Pfoten hält man die Pfote fest zwischen den Fingern der linken Hand, die man zur völligen Kontrolle von unten um die Pfote legt.*

2 *Durch Spreizen der Zehen mit der freien Hand ist es möglich, das Haar zwischen den Zehen mit dem Rand der Schermaschine abzuschneiden.*

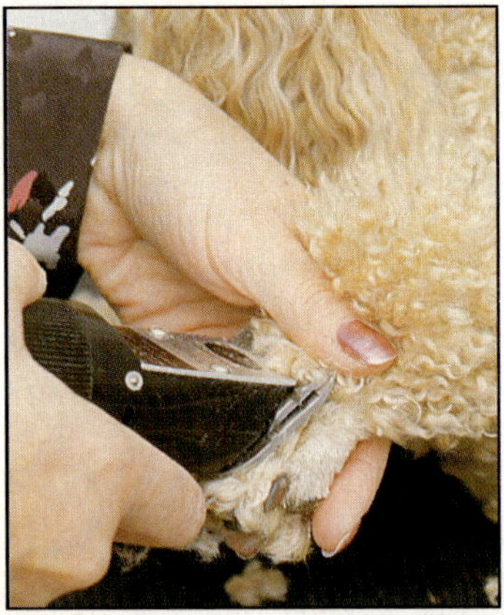

1

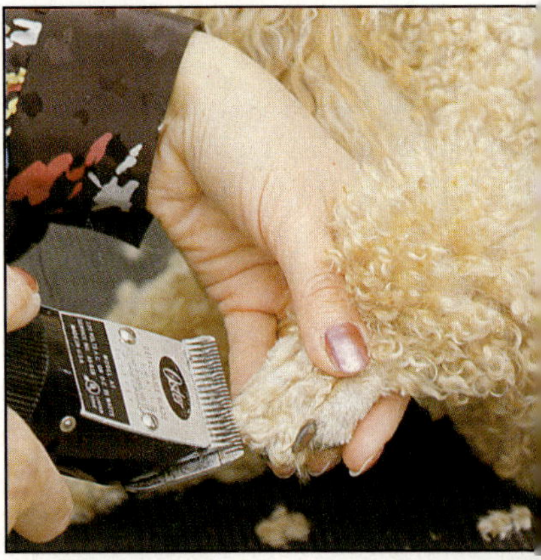

2

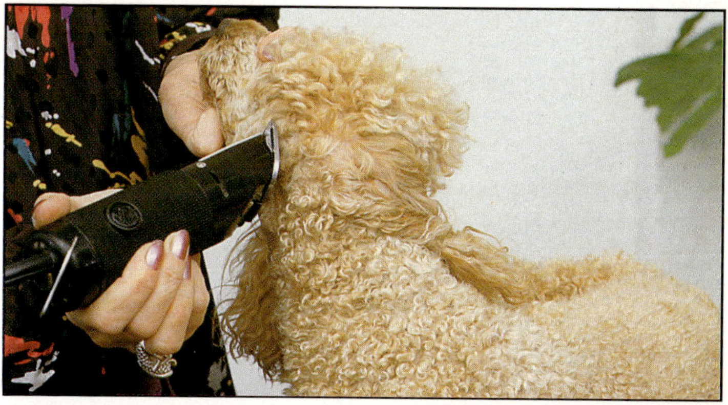

3

4

5

3 *Beim Scheren vom Ohr bis zum äußeren Augenwinkel in einer geraden Linie hält man die Schermaschine flach auf der Kopfoberfläche. Man muß aufpassen, hier nicht zu kurz abzuscheren.*

4 & 5 *Man hält beim Scheren des Fangs die Kiefer fest zusammen, beginnt dicht unter dem Auge. Zum Abscheren des Haars unter den Lefzen spannt man sicherheitshalber die lose Haut mit dem freien Daumen.*

6

6 *Beim Scheren der Kehle hält man den Hundekopf nach oben und schert dicht an der Haut nach unten, läßt aber weiter unten die Haare länger stehen.*

7 *Man kämmt das Haar von Haarschopf und Befransung der Ohren sorgfältig aus und achtet darauf, alle Verfilzungen zu entfernen.*

7

8

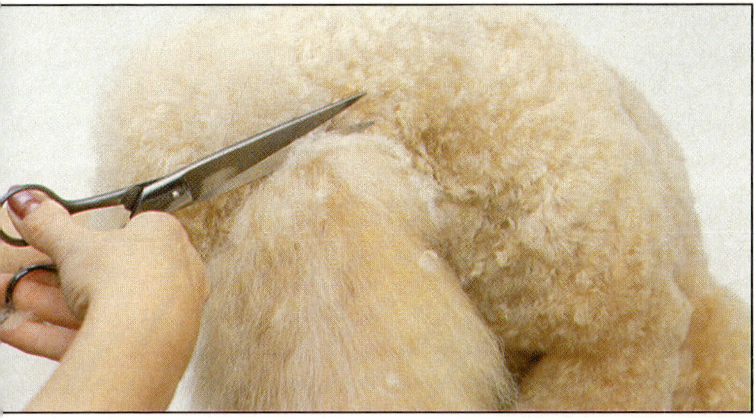

9

8 *Man hält mit seiner freien Hand den Kopf und schneidet vom inneren Augenwinkel nach hinten über die Ohrspitze und dann nach unten zum Halsrücken.*

9 *Man formt den Haarschopf, indem man vom rechten Auge über Ohr und Hinterkopf schneidet. Das gleiche wiederholt man auf der linken Seite. Man kämmt und formt das Haar, daß die Krone in Augenebene beginnt.*

10 *Ist die Rute richtig coupiert, kann man sie zur Hälfte in Pom-pom, zur anderen Hälfte abgeschoren aufteilen. Man schert Rutenoberfläche und Seiten in Richtung auf den Körper, die Unterseite vom Körper weg.*

11 *Vor dem Hund stehend wird der Hunderücken am Nacken beginnend nach hinten geschoren. Man achte darauf, daß das Scherblatt der Maschine nicht zu heiß wird, sonst könnte sich die Schermaschine überhitzen.*

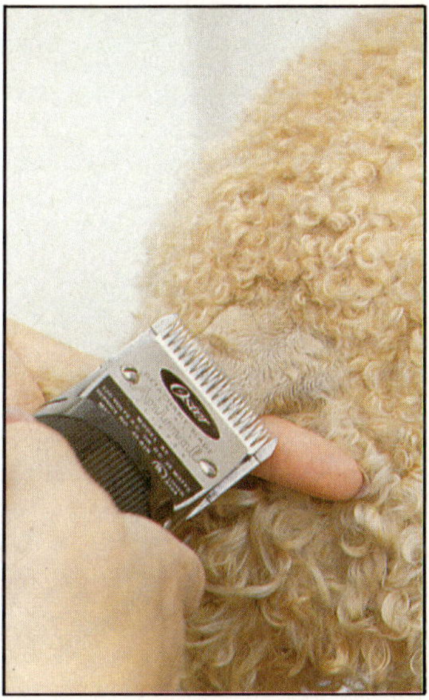

10

11

12

12 *Man schert über den Rücken des Pudels bis zur Schwanzwurzel. Man achte darauf, die Haarlänge möglichst gleich zu halten und benutzt am besten ein Scherblatt Nr. 5.*

13 *Beim Scheren der Unterseite des Pudels entfernt man das seitliche Haar, indem man den Vorderlauf des Hundes anhebt oder den Hund mit der freien Hand hält, um die Unterseite abzuscheren.*

13

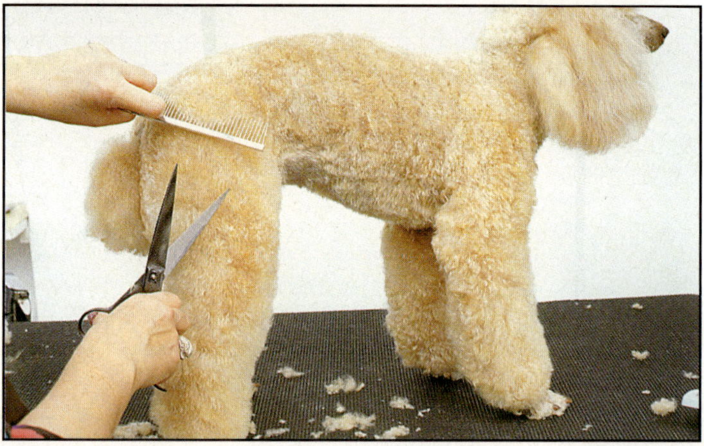

14

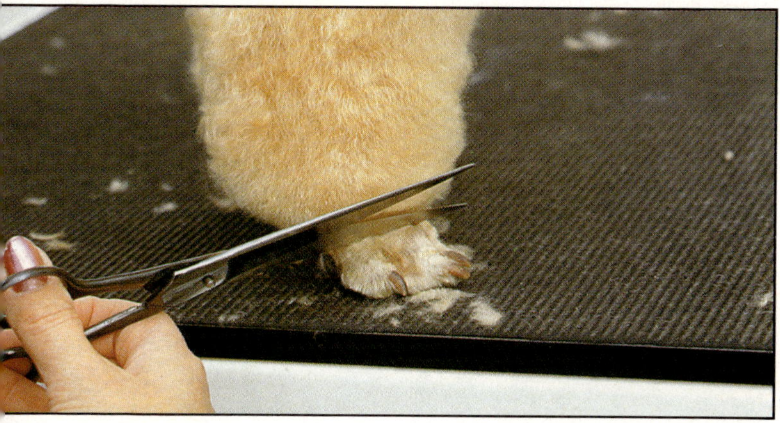

15

14 *Nach Auskämmen des Haars an den Vorder- und Hinterläufen formt man sie mit der Schere, folgt dabei den natürlichen Konturen und bringt sie in Übereinstimmung mit dem Körperhaar.*

15 *Man kämmt das Haar bis über die Fesseln, schneidet dann das Fell direkt oberhalb der Pfoten mit der Schere und achtet darauf, alle Haare so zu schneiden, daß die Läufe hübsch und gepflegt wirken.*

16 *Dieses Bild zeigt den fertigen Kopf. Die Krone ist gut geformt, findet ihren Rahmen durch die hübschen Ohrfransen. Zwei farbenprächtige Haarspangen schmücken die Ohrbefransung.*

17 *Nach beendeter Pflegezeit kann dieser Zwergpudel nun ausruhen. Er zeigt die typische »Lammschur« mit gut ausgeglichenem Fell und attraktiv geformtem Kopf.*

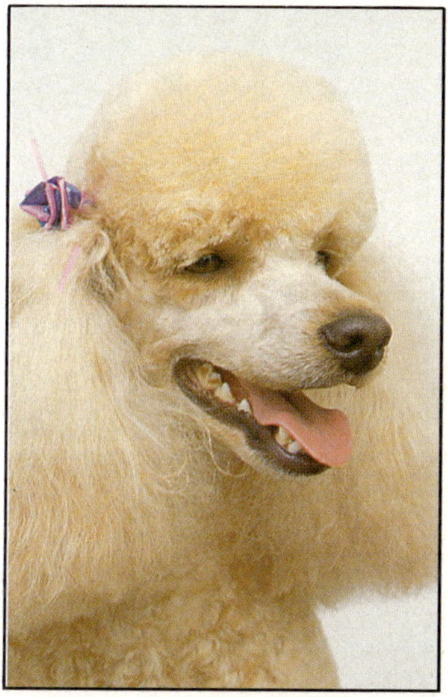

16

17

Kapitel fünf

TIER-ÄRZTLICHE BETREUUNG

Der erste Arztbesuch
Impfschutz gegen Infektionserkrankungen
Allgemeine Erkrankungen und ihre Behandlung
Gesundheitsprobleme der Rasse

DER ERSTE ARZTBESUCH

Stets sollte man seinen Tierarzt sehr sorgfältig auswählen und sich vor Augen halten, daß Hundebesitzer und Tierarzt die besten Freunde des Hundes sind.

Bei der Anmeldung in der Sprechstunde erhält man in der Regel eine Karte mit den Sprechzeiten und Hinweisen, wie der Tierarzt im Notfall zu erreichen ist. Die meisten Tierärzte haben einen Übersichtsplan, der neuen Hundebesitzern außerordentlich nützliche Informationen bietet. Den nimmt man am besten mit nach Hause.

Der Hauptgrund für den ersten Besuch ist eine allgemeine Gesundheitskontrolle, insbesondere eine Untersuchung auf jede ererbte oder zum Untersuchungszeitpunkt vorhandene Erkrankung.

Die Untersuchung

Jetzt zur ersten Untersuchung des Welpen selbst. Der Tierarzt schaut sich das Jungtier gründlich an und erwartet einen genauen Bericht über seine Futtergewohnheiten, Verhalten und wie er sich in die Familie eingegliedert hat. Man sollte dem Tierarzt alle Unterlagen des Züchters vorlegen über Speiseplan, Wurmkuren und bereits erfolgte Impfungen. Zuweilen bittet der Tierarzt auch bei der ersten Konsultation zur Wurmkontrolle eine Stuhlprobe mitzubringen.

Der Tierarzt mißt die Temperatur des Welpen, kontrolliert Ohren, Augen, Herz und Gelenke. Vermutet der Tierarzt einen von Geburt an bereits vorhandenen oder erblichen Fehler, kann es ratsam sein, den Welpen dem Züchter zurückzugeben, insbesondere wenn man plant, diesen Hund auszustellen oder mit ihm zu züchten. Die häufigsten Infekte in diesem Alter beim Pudel sind Patella Luxation, Entropium (Einwärtsdrehung der Augenlider) und Hodenfehler (Fehlen eines Hoden im Hodensack). Distichiasie (zusätzliche Haarreihe an der Innenseite des Augenlids) und Fehler im Blutkreislauf (patent ductus arteriosus) sind zwei weitere, nicht gerade häufig auftretende Fehler, die bei dieser ersten Untersuchung entdeckt werden können.

Laufende Gesundheitskontrolle

Nach dieser körperlichen Grunduntersuchung sollte man offen alle Probleme der Fütterung, Haltung, Entwurmung und insbesondere das notwendige Schutzimpfungsprogramm besprechen.

Der Ersthundebesitzer sollte sich alle offenen Fragen notieren, um nichts zu vergessen.

Unten: *Möglichst bald nach dem Kauf ist ein erster Tierarztbesuch wichtig. Dabei wird der Gesundheitszustand des Junghundes überprüft.*

Oben: *Der Tierarzt untersucht das Innere des Pudelohrs auf Anzeichen einer Infektion und benutzt dabei ein Spezialinstrument namens Auriscope.*

IMPFSCHUTZ GEGEN INFEKTIONSKRANKHEITEN

Tollwut

Dies ist eine Viruskrankheit, die absolut tödlich verläuft, wenn erst einmal erste Symptome auftreten. Sie ist auch auf den Menschen übertragbar. Tollwut ist eine Erkrankung des zentralen Nervensystems, tritt in zwei Formen auf, als »wilde Wut« und »stumme Wut«. Die wilde Wut ist vergleichsweise leicht zu erkennen. Die stille Wut ist weniger auffällig und schwierig zu diagnostizieren, sie zeichnet sich durch Auftreten von Lähmungen aus. Die stille Wut tritt wesentlich häufiger auf als die wilde.

Tollwut ist bei wilden Tieren recht verbreitet. In den USA trifft es in erster Linie auf Waschbären und Skunks zu, in Südamerika auf Fledermäuse, in Südafrika ist es der Mungo, in Europa sind die häufigsten Träger Fuchs und Dachs.

Die Inkubationszeit liegt zwischen fünf Tagen und zehn Monaten. Befallene Tiere zeigen ein verändertes Wesen, werden außerordentlich ruhelos und reizbar. Mit Fortschreiten der Krankheit treten besondere Schwächen an Läufen und Rute auf, Schluckbeschwerden, Kiefer und Augenlider hängen herunter. In aller Regel stirbt das Tier im Koma, bei der wilden Form gehen krampfartige Zuckungen voraus, bei der stillen Wut Lähmungen.

Heutzutage ist eine Schutzimpfung außerordentlich wirksam, wird dringendst empfohlen, ist in einigen Gebieten der Welt gesetzlich vorgeschrieben, zum Beispiel in den USA. Jährliche Wiederholungsimpfungen sind erforderlich.

Hundeparvovirose (CPV)

Dies ist eine ansteckende Hundeerkrankung, sie wird über Kleidung und Schuhwerk übertragen. Der Virus ist gegen die meisten Desinfektionsmittel resistent, kann in Haus und Zwinger bis zu einem Jahr überleben.

Die Erkrankung löst Depression aus, schweres und lang anhaltendes Erbrechen, Leibschmerzen und starken, mit Blut durchsetzten Durchfall. Über eine Reihe von Tagen ist intensive, sorgfältigste Behandlung notwendig, die Krankheit verläuft trotzdem häufig tödlich. Schutzimpfungen sind wirksam, müssen jährlich wiederholt werden.

Staupe

Diese Viruskrankheit wird von Hund zu

Hund übertragen, in Großzwingeranlagen ist sie noch recht verbreitet. Anfangs ähnelt sie einer Erkältung, laufende Augen, Husten, Appetitlosigkeit und Durchfall. Später folgen nervöse Krankheitssymptome wie Muskelzuckungen, Krämpfe und Lähmungen. Zuweilen tritt eine Überempfindlichkeit der Fußsohlen – die sogenannte Hartballenerkrankung auf.

Diese Erkrankung verläuft oft tödlich, sorgfältige Pflege kann aber zum Erfolg führen. Man sollte unbedingt jeden Junghund im Alter von 10–12 Wochen impfen, den Impfschutz jährlich erneuern.

Hundehepatitis

Sie tritt in zwei Formen auf.

a) Infektiöse Hepatitis (Adenovirus Typ CAV-1) ist eine weitere, sehr ansteckende Viruserkrankung, begleitet von Nephritis (Nierenentzündung), Augenerkrankung und Leberschäden. Die Infektion erfolgt über Kot und Urin. Hunde können nach überstandener Krankheit noch über sechs Monate Viren ausscheiden. Am meisten befallen werden Junghunde im ersten Lebensjahr, Ansteckungsgefahr auch bei älteren Hunden. Schwer erkrankte Hunde sterben bereits nach 6–8 Tagen. Im Genesungsstadium treten zuweilen blaue Augen auf.

b) Der Adenovirus Typ CAV-2 befällt das Atmungssystem, ist aber nicht ganz so gefährlich. Manchmal tritt dieser Virus auch gemeinsam mit anderen ansteckenden Erkrankungen des Atmungssystems auf.

Schutzimpfungen gegen beide Erkrankungen erfolgen mit einem modifizierten CAV-2 Virus, jährliche Wiederholung notwendig.

Leptospirose

a) Lebererkrankung (Leptospirose icterohaemorrhaigiae) ist eine bakteriell ausgelöste Hundeerkrankung, die auch auf den Menschen übergehen kann. Die Ansteckung der Hunde erfolgt zumeist über Ratten und Rattenurin. Die Erkrankungssymptome sind plötzlicher starker Fieberausbruch, Gelbsucht und schwere Depression, meist von Durst, Erbrechen und blutigem Durchfall begleitet. Der Tod kann innerhalb von 2–3 Stunden eintreten, früh verabreichte Antibiotika und ergänzende Behandlungen können erfolgreich verlaufen. Es gibt eine jährlich zu wiederholende wirksame Schutzimpfung.

b) Nierenerkrankung (Leptospirosis canicola).

Eine gleichfalls durch Bakterien ausgelöste Erkrankung, die wiederum auf den Menschen übertragen werden kann. Diese Erkrankung wird durch Urin übertragen, daher ihr Name »lamp-post disease«. Hauptsymptome sind Erbrechen, Depression und Entzündung der Maulschleimhaut, hinzu treten Leibschmerzen. Antibiotika und ergänzende Behandlung sind wirksam, jährliche Impfungen ein zuverlässiger Schutz.

Zwingerhusten (infektiöse Rhinotracheitis)

Diese Erkrankung wird durch eine Mischung von Bakterien und Viren ausgelöst. Ein völliger Schutz gegen diese Erkrankung ist nicht möglich, aber es gibt Impfstoffe, die einigen Schutz bringen. Diese empfehlen sich für Ausstellungen oder wenn man den Hund in eine Tierpension gibt. Die Wirksamkeit der Impfungen ist auf etwa sechs Monate beschränkt.

ALLGEMEINE ERKRANKUNGEN UND IHRE BEHANDLUNG

Verdauungsprobleme

Eine der am häufigsten auftretenden Hundeerkrankungen ist Erbrechen und Durchfall, ausgelöst durch Infektionen, Gifte, Parasiten, Allergien und Fremdkörper.

In den meisten Fällen kommt die Erkrankung durch eine strikte Hungerkur von 24 Stunden in Ordnung, auch die Flüssigkeitsaufnahme wird beschränkt, danach folgen erste kleine Mahlzeiten von gekochtem, weißen Fleisch. Tritt das Erbrechen schwer auf oder hält es längere Zeit an oder tritt Blut auf, sollte man den Tierarzt aufsuchen, ihm seine Arbeit dadurch erleichtern, daß man bereits eine Stuhlprobe mitbringt. Zuweilen löst man die Erkrankung selbst aus durch Veränderung des Speiseplans oder Überfütterung.

Anfälle, Krämpfe

Krampfanfälle treten aus verschiedenen Ursachen auf, sind für den Hundebesitzer außerordentlich erschreckend. Kommt es zum Anfall, sollte man den Hund in ein ruhiges, abgedunkeltes Zimmer bringen. Diese Krämpfe dauern in der Regel nur ganz kurze Zeit, dabei kann es auch zum Urinieren und Koten kommen. Man sollte vorsichtig sein, um nicht gebissen zu werden.

Epileptische Hunde werden völlig steif, rudern dann mit den Läufen. Dauert ein solcher Anfall längere Zeit an oder erlei-

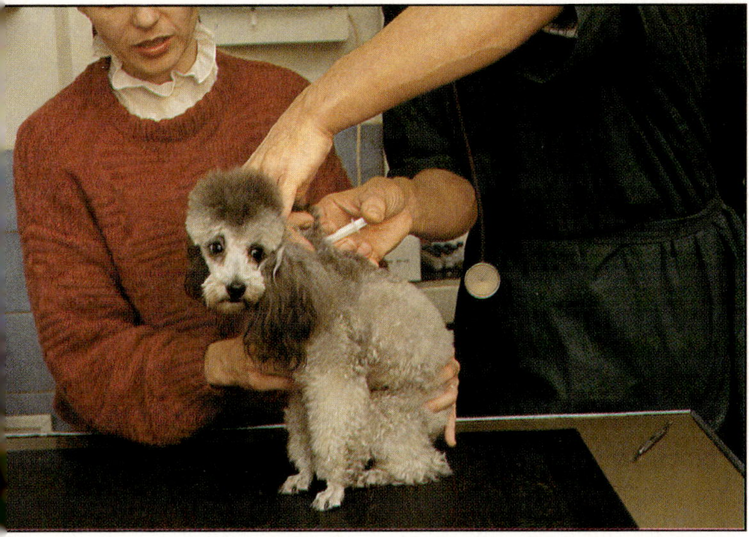

Oben: *Gegen die meisten Erkrankungen ist Impfschutz möglich, er erfolgt durch zwei Injektionen im Alter von 10–12 Wochen und jährliche Wiederholungsimpfungen.*

Unten: *Der Tierarzt wird routinemäßig Herz und Lungen des Pudels auf Anzeichen von Erkrankungen des Atmungssystems oder Herzens untersuchen.*

det der Hund einen Anfall nach dem anderen, ist dringend tierärztliche Hilfe notwendig. Andere Ursachen für krampfartige Anfälle als Epilepsie können Gehirntumor, Gift, Staupe, Lebererkrankung, Hydrocephalus und Tollwut sein.

Bei schlafenden Hunden können kurze Gliederzuckungen völlig normal sein, man spricht davon, der Hund »träume«.

Herzerkrankungen

Schäden an Herzmuskel oder -klappen treten beim Hund auf. Symptome sind Husten, Atemschwierigkeiten, insbesondere unter Belastung, Gewichtsverlust, Magenausdehnung oder Schwäche. Pflege, Ernährung und Medikamente können auch bei einer solchen fortschreitenden Erkrankung das Leben verlängern.

Erkrankungen der Herzklappen sind beim Zwerg- und Kleinpudel die häufigste Herzerkrankung. Richtig behandelt können diese Hunde eine ganze Reihe von Jahren leben.

Hitzschlag

Durch extreme Hitze kann es zum Kollaps, ja zum Koma kommen. Häufigste Ursache ist, daß der Hund bei direktem Sonnenschein im überhitzten Auto bleiben mußte. Güsse mit kaltem Wasser und Auflegen von Eisumschlägen sollten schnellstens erfolgen, können dem Hund das Leben retten.

Nierenerkrankungen

Unter Nierenerkrankung versteht man jede Einschränkung der normalen Nierenfunktion, sie ist eine der häufigsten Erkrankungen von Hunden, insbesondere älterer Hunde. Es gibt eine Vielzahl von Ursachen, der Tierarzt sollte Urin und Blut sorgfältig untersuchen lassen, ehe er medikamentöse Behandlung und Pflege anordnet. Mit richtiger Pflege können die meisten Haushunde bei dieser Erkrankung ein relativ normales Leben führen. Wasser muß für sie stets zugänglich sein, aber es kann sich als notwendig erweisen, die Menge zu beschränken, häufiger kleinere Mengen anzubieten.

Fettleibigkeit

Fettleibigkeit ist die häufigste Ernährungserkrankung von Haushunden, ausgelöst durch übermäßiges Fettgewebe. Bei Hündinnen in höherem Alter tritt diese Erkrankung häufiger auf.

Fettleibigkeit reduziert wesentlich die Freude des Tieres am Leben, das gilt auch für den Besitzer. Genauer gesagt:

1 Fettleibige Hunde erkranken häufiger an Herz- und Lebererkrankungen.
2 Fettleibigkeit führt häufiger zu Diabeteserkrankungen.
3 Fettleibigkeit ist häufig von Arthritis und Hauterkrankungen begleitet.
4 Fettleibigkeit vermehrt das Risiko bei Operationen.

Die Überfütterung der Welpen kann bereits der erste Schritt zur Fettleibigkeit über das ganze Leben sein, weil dadurch die Fettzellen vermehrt wachsen. Eine vernünftige Hundefütterung ist von entscheidender Wichtigkeit. Man sollte sie laufend überprüfen.

Leidet der Hund an Fettleibigkeit, darf man keinesfalls mehr füttern als der Tier-

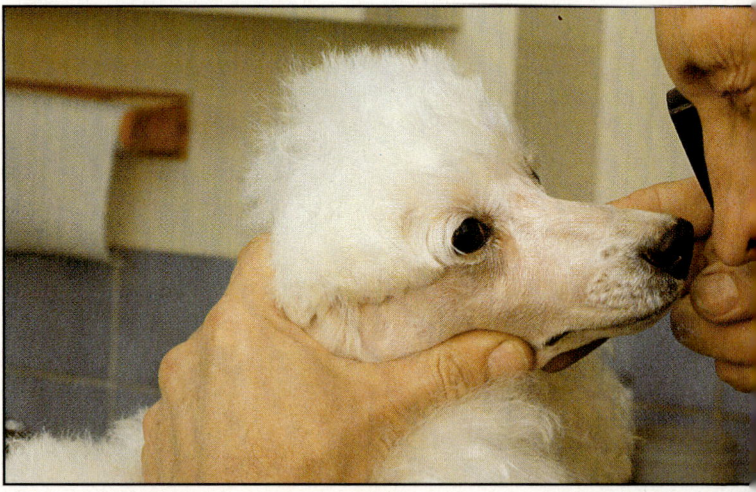

arzt erlaubt. Man sollte in der ganzen Familie dafür sorgen, daß der Hund keinesfalls zusätzliche Leckerbissen erhält. Es gibt heute vorbereitete Diätmahlzeiten, um die Zusammenstellung komplizierter Mahlzeiten zu ersparen.

GESUNDHEITSPROBLEME DER RASSE

Ehe man einen Hund kauft, sollte man sich darüber im klaren sein, daß es in den verschiedenartigen Hunderassen verbreitet ererbte und bei der Geburt schon vorhandene Defekte gibt. Diese Frage sollte man mit dem Züchter offen besprechen. Glücklicherweise sind die Hundezüchter sich dieser Problematik heute allgemein bewußt, es wurden eigene Untersuchungsmethoden und Zuchtprogramme aufgebaut, um Erbkrankheiten beim Pudel, insbesondere PRA auszuschalten.

Entsprechend ihrer Häufigkeit nachstehend eine Liste der beim Pudel auftretenden Spezialprobleme.

PRA

Progressive Retinal Atrophy – fortschreitende Netzhautablösung, führt zum Zerfall der Netzhaut, endet in völliger, unheilbarer Blindheit. Im fortgeschrittenen Stadium treten auch Starerkrankungen auf, aber auch eine Staroperation kann bei dieser Erkrankung das Sehvermögen nicht wiederbringen. Mit einem Elektro-Retinogramm können Spezialisten diese Erkrankung schon sehr früh feststellen. Keinesfalls darf man mit einem Hund, der bei diesem Test Anzeichen der Erkrankung zeigt, züchten.

Unten: *Ein Tierarzt untersucht die innere Augenstruktur auf Augenerkrankungen und benutzt hierfür das Ophthalmoskop.*

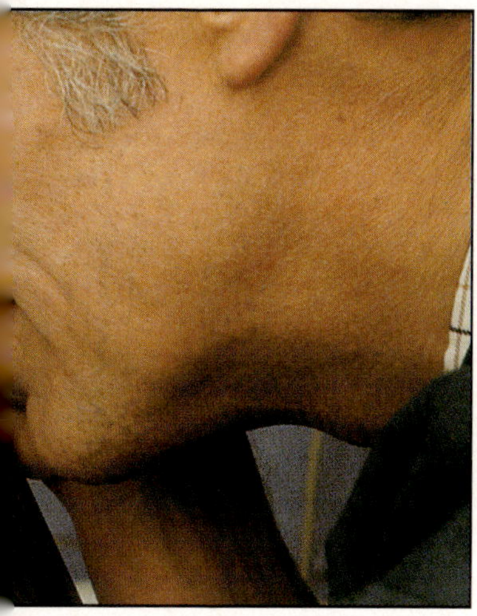

Patella Luxation

Diese Erkrankung tritt besonders beim Klein-, Zwerg- und Toypudel auf, sie bedarf häufig chirurgischer Behandlung. Es gibt ein polygenes Vererbungssystem, mit befallenen Tieren sollte man keinesfalls züchten.

Cryptochismus

Hierunter versteht man das Fehlen von einem oder beiden Hoden im Hodensack. Es ist umstritten, ob hierfür ein Einzelgen oder eine Genkombination ursächlich ist. Jedenfalls ist es aber ratsam, mit Rüden, die nur einen Hoden haben, nicht zu züchten.

Entropium

Hierunter versteht man das Einwärtsdrehen eines Augenlides. Hierdurch reizt das Wimperhaar das Auge, der Hund leidet unter Schmerzen, die Erkrankung erfordert chirurgische Korrektur.

Von Perthes Erkrankung

Ursächlich hier ist ungenügende Blutzirkulation im Hüftbereich während des Wachstums, die Folge ist schmerzhafte Lahmheit. Die Krankheit tritt beim Klein-, Zwerg- und Toypudel auf. Es gibt Anzeichen dafür, daß einzelne Familien besonders befallen sind, oft ist chirurgische Behandlung erforderlich.

Distichiasie

Hierbei hat der Hund eine zusätzliche Haarreihe auf dem Lidrand. Diese Haare reizen das Auge, verursachen starke Tränenflüssigkeit, manchmal hilft nur chirurgische Entfernung.

Weitere Erbkrankheiten

Andere Erbkrankheiten, die selten auftreten, sind erblich fehlerhafte Schulterstellung, teilweise Alopechie (fehlender Haarwuchs auf zwei Drittel der Körperfläche), Erkrankungen des Kreislaufsystems, Epilepsie, Luftröhrenkollaps und Glaukomie (stark geschwollenes, sehr schmerzhaftes Auge).

Diese gesamte Krankheitsliste ist nicht aufgeführt, um die Hundefreunde vom Pudel abzuschrecken, eine recht ähnliche Liste kann man für die meisten Hunderassen aufstellen. Sie soll vielmehr auf mögliche Probleme hinweisen, davor warnen, mit befallenen Tieren zu züchten.

Kapitel sechs

ZUCHT

Grundprinzipien
Die Paarung
Die tragende Hündin
Der Wurf
Welpenfürsorge
Die säugende Hündin
Entwicklung der Welpen
Aufzucht
Sterilisation

GRUNDPRINZIPIEN

Die Ahnentafel

Die Ahnentafel eines Hundes hat nur dann einen Wert, wenn der Leser die Qualitäten der auf der Ahnentafel aufgeführten Hunde kennt, zumindest über die letzten 3–4 Generationen. Für den Anfänger in der Zucht ist es immer schwierig, ein solches Grundwissen zu gewinnen. Enthält die Ahnentafel einen oder mehrere Champions, werden die meisten Altzüchter sich derer erinnern. Der Anfänger sollte nicht zögern, sie zu fragen, sich hierdurch zumindest etwas Wissen anzueignen, welche Zuchtlinien zur eigenen Hündin passen, um aus ihr einen wirklich guten Wurf zu züchten.

Inzestzucht

Unter Inzestzucht versteht man Paarungen Sohn mit Mutter, Vater mit Tochter, Halbbruder und Halbschwester und am engsten Bruder mit Schwester. Inzestzucht konzentriert gute Eigenschaften genauso wie schwere Fehler. Sie kann dominante Eigenschaften verstärken, rezessive äußerlich erkennbar machen. Damit gewinnt der Züchter die Möglichkeit, genetische Faktoren miteinander zu verbinden, richtig auszubalancieren. Inzestzucht selbst verursacht nach vorherrschender Meinung keine Degeneration, vielmehr konzentriert sie einfach auch vorhandene Fehler und Schwächen, diese werden durch Inzestzucht aufgedeckt, der Züchter kann sie dann ausmerzen. Bei Inzestzucht ist von von größter Bedeutung, nur Tiere auszuwählen, die so perfekt wie möglich sind. Inzestzucht erzeugt weder neue Fehler, noch führt sie zur Perfektion; sie fixiert ganz einfach vorhandene Eigenschaften in der Nachzucht.

Linienzucht

Hierbei erfolgt eine Auswahl der Zuchttiere nach einem oder mehreren gemeinsamen Vorfahren von herausragender Qualität. Von allen Zuchtprogrammen hat diese Auswahlmethode die meisten Erfolge gebracht. Linienzucht auf die besten Einzeltiere verbessert die Zuchtlinie des Zwingers.

Auskreuzungen

Bei diesem Zuchtsystem werden Hunde gepaart, die in den letzten 5–6 Generationen ihrer Ahnenreihe keine gemeinsamen Vorfahren haben. Ziel ist die Erweiterung des Genpools, insbesondere bei Auftreten von Inzuchtdepressionen.

Der genetische Schatten

Von jedem Elternteil erhalten alle Welpen 50 % Keimplasma. Ohne etwas über den genetischen Schatten (Erbwert) eines ausgewählten Zuchthundes zu wissen, erreicht man schwerlich in der Zucht gute Ergebnisse. Nur genaue Erforschung des Zuchtwerts der Ahnenreihe eines Hundes ermöglicht, den genetischen Wert eines Hundes selbst festzustellen. Der äußerlich nicht sichtbare Genotyp, der aus einem Genpaar für jede Eigenschaft besteht – dieses kann dominant oder rezessiv sein – entscheidet über das Erbmuster. Die dominanten Erbanlagen eines Hundes werden beim ausgereiften Hund sichtbar, ganz gleich, ob sie gut oder schlecht sind. Rezessive Erbanlagen sind äußerlich nicht sichtbar. Züchtet man mit einem für eine Eigenschaft dominanten Tier mit einem Partner, der dieselbe Eigenschaft zeigt, werden die meisten Nachkommen diese dominante Eigenschaft aufweisen. Ist das Tier für die Eigenschaft rezessiv und wird mit einem Hund gepaart, der diese Eigenschaft besitzt, werden alle Nachkommen diese rezessive Eigenschaft übernehmen. Ein rezessives Gen kann nie verloren gehen, ein dominantes kann.

Die Tabelle auf Seite 79 zeigt die nach meiner Meinung erwünschten oder unerwünschten Eigenschaften des Pudels, wobei der in Klammer gesetzte Buchstabe

Dominante Gene	Rezessive Gene
Wirken sich auf den Großteil der Nachkommenschaft aus.	Können eine Generation ausfallen.
Die Eigenschaften sind beim Einzeltier zu erkennen.	Rezessive Gene müssen gleichzeitig von Rüden wie Hündin stammen.
Lindern die Gefahr, daß unerwünschte Eigenschaften auftreten.	Ein Hund, der ein Paar rezessiver Gene ererbt hat, zeigt auch äußerlich diese Eigenschaft.
Bleiben nie in einer Generation unerkannt.	Ein Hund, der nur ein rezessives Gen trägt, zeigt die Eigenschaft äußerlich nicht.
Garantieren das Vererbungsmuster.	

— Erwünschte Eigenschaften —	— Unerwünschte Eigenschaften —
Langer Fang (R)	Kurzer Fang (D)
Schlanke Backenmuskulatur (R)	Dicke Backenpartie (D)
Ausgemeißelte Fangpartie (D)	Fehlende Meißelung des Fangs (R)
Schlanker Oberkopf (R)	Apfelköpfigkeit (D)
Niedrig angesetzte Ohren (R)	Hochangesetzte Ohren (D)
Lange Ohren (R)	Kleine Ohren (D)
Ovale Augenform (R)	Großes rundes Auge (D)
Dunkle Augenfarbe (D)	Helles Auge (R)
Scherengebiß (D)	Vorbiß (R)
Lange Halslinie (R)	Rückbiß (R)
Kurzer Rücken (D)	Kurzer Hals (D)
Gut gelagerte Schulter (R)	Langer Rücken (R)
Feste Patella (D)	Steile Schulter (D)
Aufgeknöchelte Pfoten (D)	Patella Luxation (R)
Dicke Ballen (D)	Dünne Spreizpfoten (R)
Dichtes Haarkleid (D)	Dünnes seidiges Haarkleid (R)
Schwarze Farbe (D)	
Weiße Farbe (R)	
Braune Farbe (R)	
Apricot und Silberfarbe (R)	

anzeigt, ob diese Eigenschaften dominant oder rezessiv auftreten. Man beachte immer, daß die erwünschten Eigenschaften auch aus einer Kombination von dominanten und rezessiven Genen entstehen können.

Unten: *Klein- und Zwergpudel etwa gleichen Alters mit Silberfarbe im Gesicht. Man achte auf die schön geformten Augen und die gute Länge des Fangs. Beide Hunde erscheinen vielversprechend.*

Anfänger in der Zucht

Dieses Kapitel muß ich mit einer Warnung beginnen, in aller Regel ist Hundezucht keine Angelegenheit für Neulinge oder Besitzer von Liebhaberhunden. Kauft man eine Hündin als Haushund, sollte sie dies in aller Regel bleiben, nicht zur Zuchthündin umfunktioniert werden. Die Verantwortung für das Wohlergehen und die Qualität der Rassehunde liegt am besten in den Händen der dieser Rasse verschriebenen und kenntnisreichen Züchter. Kein Anfänger kann den genetischen Schatten von Rüden oder Hündinnen richtig bewerten, die nun einmal als Familienhunde verkauft wurden. Deshalb ist es für Liebhaber-Besitzer auch weitgehend unmöglich, bei der Paarung der eigenen Hündin mit dem Rüden des Freundes oder Nachbarn vorauszusagen, ob aus einer solchen Paarung gute und gesunde Welpen entstehen.

Weiterhin muß man wissen, daß Welpen spätestens ab einem Alter von drei Wochen bis zu ihrem Verkauf mit acht Wochen eine ganze Menge Zeit und Arbeit erfordern. Zumindest viermal täglich müssen Welpen sorgfältig gefüttert werden. Hat man mit der Zusatzfütterung einmal begonnen, kann man sicher sein, daß die Hündin aufhört, sie sauber zu halten, – eine neue Aufgabe, die nun dem Züchter zufällt.

Wer auch nach diesen Warnungen immer noch mit seiner Hündin züchten will, sollte klugerweise ihren Züchter um Rat fragen, er sollte in der Lage sein, einen passenden Zuchtrüden zu empfehlen, vielleicht auch später beim Verkauf der Welpen behilflich zu sein.

Eine Großpudelhündin wirft durchschnittlich acht Welpen in einem Wurf, bei einer Kleinpudelhündin rechnet man durchschnittlich mit 4–5 Welpen, beim Zwergpudel und Toy mit durchschnittlich drei Welpen je Wurf.

DIE PAARUNG

Meist kommen Klein- und Zwergpudel schon sehr früh in ihr erste Hitze, in der Regel bereits im Alter von sechs Monaten. Großpudel brauchen für ihre körperliche

Deck- und Wurfkalender

DT–WT Jan.–März	DT–WT Feb.–Apr.	DT–WT März–Mai	DT–WT Apr.–Juni	DT–WT Mai–Jul.	DT–WT Jun.–Aug.
1.– 4.	1.– 4.	1.– 2.	1.– 2.	1.– 2.	1.– 2.
2.– 5.	2.– 5.	2.– 3.	2.– 3.	2.– 3.	2.– 3.
3.– 6.	3.– 6.	3.– 4.	3.– 4.	3.– 4.	3.– 4.
4.– 7.	4.– 7.	4.– 5.	4.– 5.	4.– 5.	4.– 5.
5.– 8.	5.– 8.	5.– 6.	5.– 6.	5.– 6.	5.– 6.
6.– 9.	6.– 9.	6.– 7.	6.– 7.	6.– 7.	6.– 7.
7.–10.	7.–10.	7.– 8.	7.– 8.	7.– 8.	7.– 8.
8.–11.	8.–11.	8.– 9.	8.– 9.	8.– 9.	8.– 9.
9.–12.	9.–12.	9.–10.	9.–10.	9.–10.	9.–10.
10.–13.	10.–13.	10.–11.	10.–11.	10.–11.	10.–11.
11.–14.	11.–14.	11.–12.	11.–12.	11.–12.	11.–12.
12.–15.	12.–15.	12.–13.	12.–13.	12.–13.	12.–13.
13.–16.	13.–16.	13.–14.	13.–14.	13.–14.	13.–14.
14.–17.	14.–17.	14.–15.	14.–15.	14.–15.	14.–15.
15.–18.	15.–18.	15.–16.	15.–16.	15.–16.	15.–16.
16.–19.	16.–19.	16.–17.	16.–17.	16.–17.	16.–17.
17.–20.	17.–20.	17.–18.	17.–18.	17.–18.	17.–18.
18.–21.	18.–21.	18.–19.	18.–19.	18.–19.	18.–19.
19.–22.	19.–22.	19.–20.	19.–20.	19.–20.	19.–20.
20.–23.	20.–23.	20.–21.	20.–21.	20.–21.	20.–21.
21.–24.	21.–24.	21.–22.	21.–22.	21.–22.	21.–22.
22.–25.	22.–25.	22.–23.	22.–23.	22.–23.	22.–23.
23.–26.	23.–26.	23.–24.	23.–24.	23.–24.	23.–24.
24.–27.	24.–27.	24.–25.	24.–25.	24.–25.	24.–25.
25.–28.	25.–28.	25.–26.	25.–26.	25.–26.	25.–26.
26.–29.	26.–29.	26.–27.	26.–27.	26.–27.	26.–27.
27.–30.	27.–30.	27.–28.	27.–28.	27.–28.	27.–28.
28.–31.	28.– 1. Mai	28.–29.	28.–29.	28.–29.	28.–29.
29.– 1. Apr.		29.–30.	29.–30.	29.–30.	29.–30.
30.– 2. Apr.	*DT = Decktag	30.–31.	30.– 1. Juli	30.–31.	30.–31.
31.– 3. Apr.	*WT = Wurftag	31.– 1. Juni		31.– 1. Aug.	

Entwicklung längere Zeit, ihre erste Hitze tritt etwas später auf, meist etwa mit zehn Monaten. Sowohl sechs Monate wie zehn Monate erscheinen für eine Paarung viel zu früh, Hündinnen sollte man nicht vor der vollen körperlichen Reife das Aufzie-

Oben: *Weiße Pudel-Welpen, Gesicht und Pfoten geschoren. Weiße Pudel haben meist solange sie jung sind etwas blasse Apricotfarbe um die Ohren, die in der Regel mit zunehmender Reife verschwindet.*

DT–WT Jul.–Sep.	**DT–WT Aug.–Okt.**	**DT–WT Sept.–Nov.**	**DT–WT Okt.–Dez.**	**DT–WT Nov.–Jan.**	**DT–WT Dez.–Feb.**
1.– 1.	1.– 2.	1.– 2.	1.– 2.	1.– 2.	1.– 1.
2.– 2.	2.– 3.	2.– 3.	2.– 3.	2.– 3.	2.– 2.
3.– 3.	3.– 4.	3.– 4.	3.– 4.	3.– 4.	3.– 3.
4.– 4.	4.– 5.	4.– 5.	4.– 5.	4.– 5.	4.– 4.
5.– 5.	5.– 6.	5.– 6.	5.– 6.	5.– 6.	5.– 5.
6.– 6.	6.– 7.	6.– 7.	6.– 7.	6.– 7.	6.– 6.
7.– 7.	7.– 8.	7.– 8.	7.– 8.	7.– 8.	7.– 7.
8.– 8.	8.– 9.	8.– 9.	8.– 9.	8.– 9.	8.– 8.
9.– 9.	9.–10.	9.–10.	9.–10.	9.–10.	9.– 9.
10.–10.	10.–11.	10.–11.	10.–11.	10.–11.	10.–10.
11.–11.	11.–12.	11.–12.	11.–12.	11.–12.	11.–11.
12.–12.	12.–13.	12.–13.	12.–13.	12.–13.	12.–12.
13.–13.	13.–14.	13.–14.	13.–14.	13.–14.	13.–13.
14.–14.	14.–15.	14.–15.	14.–15.	14.–15.	14.–14.
15.–15.	15.–16.	15.–16.	15.–16.	15.–16.	15.–15.
16.–16.	16.–17.	16.–17.	16.–17.	16.–17.	16.–16.
17.–17.	17.–18.	17.–18.	17.–18.	17.–18.	17.–17.
18.–18.	18.–19.	18.–19.	18.–19.	18.–19.	18.–18.
19.–19.	19.–20.	19.–20.	19.–20.	19.–20.	19.–19.
20.–20.	20.–21.	20.–21.	20.–21.	20.–21.	20.–20.
21.–21.	21.–22.	21.–22.	21.–22.	21.–22.	21.–21.
22.–22.	22.–23.	22.–23.	22.–23.	22.–23.	22.–22.
23.–23.	23.–24.	23.–24.	23.–24.	23.–24.	23.–23.
24.–24.	24.–25.	24.–25.	24.–25.	24.–25.	24.–24.
25.–25.	25.–26.	25.–26.	25.–26.	25.–26.	25.–25.
26.–26.	26.–27.	26.–27.	26.–27.	26.–27.	26.–26.
27.–27.	27.–28.	27.–28.	27.–28.	27.–28.	27.–27.
28.–28.	28.–29.	28.–29.	28.–29.	28.–29.	28.–28.
29.–29.	29.–30.	29.–30.	29.–30.	29.–30.	29.– 1. März
30.–30.	30.–31.	30.– 1. Dez	30.–31.	30.–31.	30.– 2. März
31.– 1. Okt.	31.– 1. Nov		31..– 1. Jan		31.– 3. März

Bei der Paarung sollte man die Hunde sich zunächst aneinander gewöhnen lassen. Ein guter Zuchtrüde weiß mit der Hündin zu flirten, sie bereit zu machen, sich mit einem solchen charmanten und attraktiven Rüden zu paaren.

Ist die Hündin paarungsbereit, stellt sie sich mit seitlich abgedrehter Rute dem Rüden. Der Rüde steigt auf und führt seinen Penis in die Vulva der Hündin ein.

Etwa nach drei Minuten hebt der Rüde seinen Hinterlauf seitlich über den Rücken der Hündin, es kommt zum »Hängen«.

hen von Welpen zumuten. In ihrer zweiten Hitze sind gewöhnlich Klein- wie Zwergpudel und Toys so ausgereift, daß sie Mutterpflichten übernehmen können. Beim Großpudel ist es vernünftiger, zumindest noch weitere sechs Monate abzuwarten, die meisten Züchter lassen ihre Hündin mindestens zwei Jahre alt werden.

Der Paarungszyklus einer Hündin dauert in der Regel 21 Tage. Über die ersten zehn Tage zeigt sich aus der Scheide ein hellroter Ausfluß, der nach und nach blasser wird, zartrosa und später cremefarben. Dieser Ausfluß dauert bis etwa zum 10. oder 11. Tag. Von da an bis zum 18. Tag »steht die Hündin«, ist im Normalfall paarungsbereit.

Der genaue Decktermin ist von Hündin zu Hündin verschieden. Einige Hündinnen stellen sich dem Rüden bereits am 4. Tag, andere erst am 20., bei Pudeln hat sich der 11. Tag als für die meisten Hündinnen optimal erwiesen.

Sobald die Hündin heiß wird, sollte man mit dem Rüdenbesitzer eine klare

Die Schwellkörper am Schaft des Rüdenpenis schwellen während der Paarung so stark an, daß der Rüde den Penis nicht zurückziehen kann, daraus entsteht das bekannte »Hängen«.

Vereinbarung treffen. Eine jungfräuliche Hündin bringt man nach Möglichkeit zu einem erfahrenen Rüden. Zwei Neulinge können in der Paarung beträchtliche Schwierigkeiten haben, das Ganze zieht sich solange hin, daß Rüde wie Hündin völlig erschöpft sind.

Das »Hängen«
Hat der Rüde die Hündin bestiegen und das Glied eingefahren, kommt es zur Ejakulation, danach »hängen« Rüde und Hündin. Dies geschieht, weil die Scheidenmuskulatur der Hündin den Penis des Rüden einschließt. Dieses Hängen kann bis zu 30 Minuten und mehr dauern. Der Zweck hierfür ist weitgehend unbekannt, denn Hündinnen können auch ohne »Hängen« empfangen. Während des Hängens sollte man Rüde und Hündin sorgfältig kontrollieren. Am besten hält man beide am Halsband, beruhigt sie, eine Hündin, die jetzt den Rüden angreift, könnte großen Schaden verursachen.

Nach der Paarung sollten Rüde und Hündin getrennt werden. Man gibt beiden zu trinken, läßt den Rüden sich lösen und beide ausruhen.

DIE TRAGENDE HÜNDIN

Direkt nach der Paarung sollte man die Hündin entwurmen. Dadurch reduziert man das Risiko eines Wurmbefalls der Welpen. Bis zur 5. Woche ist keine erhöhte Futtermenge notwendig, ab dann braucht die Hündin eine tägliche Nahrungsergänzung in Form einer Mineralien/Vitaminmischung für die fötale Entwicklung der Welpen. Lebt die Hündin mit anderen Hunden zusammen, sollte sie ab dieser Zeit allein gefüttert werden, täglich zu den gleichen Fütterungszeiten. Zwei kleine Mahlzeiten anstelle einer großen sind hilfreich, insbesondere wenn die Hündin einen großen Wurf erwartet.

Ausreichende tägliche Bewegung insbesondere über die ersten sieben Wochen der Tragezeit ist notwendig. Etwa ab dem 30. Tag der Tragezeit sollte es bei einem durchschnittsgroßen Wurf aufgrund des

vermehrten Leibumfangs möglich sein, zu sagen, daß die Hündin trägt. Bei einem kleinen Wurf jedoch gibt es bis kurz vor dem Wurf immer nur wenige Trächtigkeitsanzeichen.

DER WURF

Die tabellarische Übersicht auf den Seiten 80–81 über die Tragezeit macht es möglich, sich auf den voraussichtlichen Wurftag der Hündin richtig vorzubereiten. Generell gesehen werfen Pudelhündinnen leicht, aber die Hündin braucht eine eigene Wurfkiste wie unten abgebildet, an die man sie einige Zeit zuvor schon gewöhnen sollte. Am besten stellt man die Wurfkiste an einen Ort, wo man die Hündin laufend beobachten, sie auch durch ein Welpengitter abtrennen kann. Andernfalls könnte die Hündin durchaus auf die Idee kommen, ihre Welpen durch das ganze Haus zu tragen. Nach meiner Erfahrung lieben Hündinnen in dieser Zeit ein abgedunkeltes Lager, das ihnen Schutz vor anderen Hunden und Störungen gibt. Bis zum Ende der Tragezeit wird die Hündin, insbesondere wenn sie hochtragend ist, ein weiches Lager bevorzugen. Sobald die Wehen anfangen, müssen die Einlagen alle entfernt, die Wurfkiste reichlich mit Zeitungspapier ausgelegt werden. Das Zeitungspapier kann sie mit Stärkerwerden der Wehen zerreißen, auch tüchtig darin scharren. Dies erleichtert die Wehen, ist sowohl hygienisch als insbesondere auch feuchtigkeitsabsorbierend.

Unten: *Dies ist eine solide, richtig gemachte Wurfkiste. Man kann das Dach verschieben, den Boden zur Reinigung herausnehmen. Die Vorderseite stattet man mit einer Klapptüre aus.*

Ausrüstung
Nachfolgende Gegenstände gehören zur Ausrüstung, die für eine Geburt unbedingt erforderlich sind.

Die Wurfkiste sollte rechtzeitig hergestellt werden. Für einen Großpudel braucht man eine Länge und Breite von etwa 140 cm, an den Seiten und hinten hohe Wände. Die Vorderseite ist offen, wird am besten mit einer Klapptüre ausgestattet. An allen drei Seiten der Wurfkiste wird in Höhe des Rückens der Hündin eine Schutzleiste angebracht. Diese verhindert, daß die Hündin Welpen, die versehentlich hinter sie kriechen, gegen die Wand quetscht. Man nimmt Holzleisten der Stärke 2,5 x 7,5 cm und befestigt diese etwa 10 cm über dem Holzboden. Für Kleinpudel und Zwergpudel reicht eine Wurfkiste der Maße 61 x 61 x 46 cm, die Schutzleiste wird etwa 5 cm oberhalb des Fußbodens angebracht.

Mehrere Lagen Zeitungspapier werden ausgelegt, man kann sie während des Wurfs laufend wechseln.

Ein rauhes Tuch (Frottier) braucht man, falls die Hündin während der Geburt ermüdet. Beim Austreten eines Welpen kann man diesen mit dem Tuch fassen und gleichzeitig mit der Wehe sanft nach unten und außen ziehen.

Einen Karton, mit einer Wärmflasche oder einem elektrischen Heizkissen, nässegeschützt auf niedrigster Einstellung. In diesen Karton legt man die zuerst geborenen Welpen, während sich die Hündin mit ihren Neuankömmlingen befaßt.

Welpenmilch Es kommt vor, ist aber nicht häufig, daß aus verschiedenen Gründen eine Hündin ihre Welpen nicht selbst ernähren kann. Um zu überleben müssen diese Welpen mit der Hand aufgezogen werden. Dabei ist es unerläßlich, daß die Welpen über die erste Woche Tag und Nacht alle zwei Stunden gefüttert werden. Hierzu verwendet man Welpenmilch als Muttermilchersatz (zum Beispiel Lactol oder Welpi), die jeweils entsprechend den Anweisungen der Hersteller frisch gemischt und gefüttert wird. Gefüttert wird in der Regel mit einer Babyflasche, ausgestattet mit einem Nuk-Sauger. Für die kleinen Hunderassen hat die Industrie spezielle Welpenfütterungsflaschen entwickelt. Wichtig ist, daß anhand der angebrachten Skala genau kontrolliert werden kann, daß der Welpe jeweils die richtige Futtermenge erhält. Flaschenwelpenfütterung braucht viel Geduld, ist aber in aller Regel erfolgreich. Man muß darauf achten, daß Hündinnen, die nicht säugen, keine Kollestralmilch an die Welpen abgeben, hierdurch fehlt die Grundimmunisation. Man sollte mit dem Tierarzt dafür sorgen, daß die Abwehrkräfte der Welpen durch künstlich zugeführte Immunstoffe mobilisiert werden.

Glucose (Traubenzucker) sollte der Hündin über die gesamte Säugezeit in Milchfutter gegeben werden.

Desinfektionsmittel Diese braucht man, um sich vor Anfassen der Welpen die Hände zu waschen.

Schere und Garn In aller Regel trennen die Hündinnen die Nabelschnur mit den Zähnen ab und fressen die Nachgeburt auf. Tun sie das nicht, trennt man die Nabelschnur durch Druck zwischen den Fingernägeln. Die Nachgeburt sollte die Hündin nach Möglichkeit fressen, da sie wehenfördernd ist. Gelingt die Abtrennung durch Druck der Fingernägel nicht, schneidet man die Nabelschnur etwa 2–4 cm vom Bauchnabel des Welpen entfernt durch. Man achtet darauf, daß keine Blutung auftritt. Vorsichtshalber wird die Nabelschnur mit dem Garn abgebunden. Man darf nie an der Nabelschnur des Welpen ziehen, dadurch könnte man einen Nabelbruch verursachen.

Baumwollfrottiertücher Diese werden benötigt, wenn die Hündin den Neugeborenen nicht leckt und pflegt. Man öffnet dann die Fruchtblase mit den Fingern unter der Kehle des Welpen, durch kräftiges Reiben mit dem Frottiertuch stimuliert man die erste Atmung, bis zum ersten Schrei des Welpe.

Infra-rot-Lampe Diese wird so über der Wurfkiste angebracht, daß am Liegeplatz der Welpen eine Temperatur von 24–27 °C herrscht.

Unten: *Einwöchiger Welpe an der Milchquelle, die Vorderläufe stimulieren die Milch durch den Milchtritt. Man achte auf die flachliegendOhren, geschlossenen Augen und das dicke, lockige Fell.*

Eine heizbare Unterlage wird von vielen bevorzugt, sie spendet den Welpen Wärme, ohne daß es für die Hündin unbehaglich wird. Dabei muß sorgfältig darauf geachtet werden, daß das Kabel gut geschützt ist, außer Reichweite von Hündin und Welpen bleibt.

Wehen

Dem Beginn der Wehen gehen beim Pudel in der Regel etwa 24 Stunden Ruhelosigkeit voraus, begleitet von Hecheln, Kratzen und Hin- und Herräumen des Zeitungspapiers in der Wurfkiste.

Dem folgt meist eine etwas ruhigere Periode, dabei fällt die Normaltemperatur von 38,6 °C auf unter 37,2 °C. Danach treten die ersten Preßwehen auf, zunächst in größeren Abständen, dann immer häufiger. Sie dauern an bis die Fruchtblase, die einem kleinen, dunkelbraunen Ballon ähnelt, austritt. Spätestens nach einer Stunde platzt diese Fruchtblase, kurz darauf wird der Welpe ausgetrieben. Ist die Fruchtblase geplatzt, der Welpe aber innerhalb einer Stunde noch nicht geboren, sollte man den Tierarzt holen. Der Tierarzt muß auch dann hinzugezogen werden, wenn die Preßwehen über mehr als zwei Stunden andauern oder wenn sie schwächer zu werden scheinen.

Unten: *Welpen kämpfen stets um die beste Zitze, kriechen dabei über- und untereinander. Der Züchter muß dafür sorgen, daß auch schwächere Welpen ihren Teil abbekommen.*

Geburt

Ist der Welpe ausgetrieben, dreht sich die Hündin, reißt die Fruchtblase auf und beißt die Nabelschnur durch. Danach frißt sie Fruchtblase, Nabelschnur und Nachgeburt. Manchmal reißt die Nabelschnur, die Nachgeburt bleibt dann in der Gebärmutter der Hündin. In aller Regel wird sie durch die Geburt des nächsten Welpen ausgetrieben. Die Hündin leckt und säubert das Neugeborene bis der nächste Welpe austritt, dann beginnt das Ganze von vorne.

In aller Regel sind Hündinnen in der Lage, ohne fremde Hilfe zu gebären, dennoch ist es erforderlich – insbesondere bei einer Erstgebärenden – für alle Fälle bei der Geburt dabei zu sein. Häufig wirkt die Hündin nach der Geburt des ersten Welpen recht verwirrt. Es kann notwendig sein, selbst die Fruchtblase zu öffnen. Dann muß man die Nabelschnur, die Welpen und Nachgeburt verbindet, mit einem Zwirnfaden abbinden, dann wird sie mit dem Fingernagel zwischen Bindfaden und Nachgeburt abgequetscht. Ist die Nachgeburt nicht bereits bei der Geburt ausgetreten, kann sie bei weiteren Wehen an der Nabelschnur vorsichtig herausgezogen, danach entfernt werden. Man achte darauf, nie darf man die Nabelschnur vom Welpen wegziehen, dies könnte zum Nabelbruch führen. Die Anzahl der Nachgeburten muß immer mit der Anzahl der Welpen verglichen werden, nur dann kann man sicher sein, daß alle ausgetrieben wurden. Häufig gebiert eine Hündin mehrere Welpen in schneller

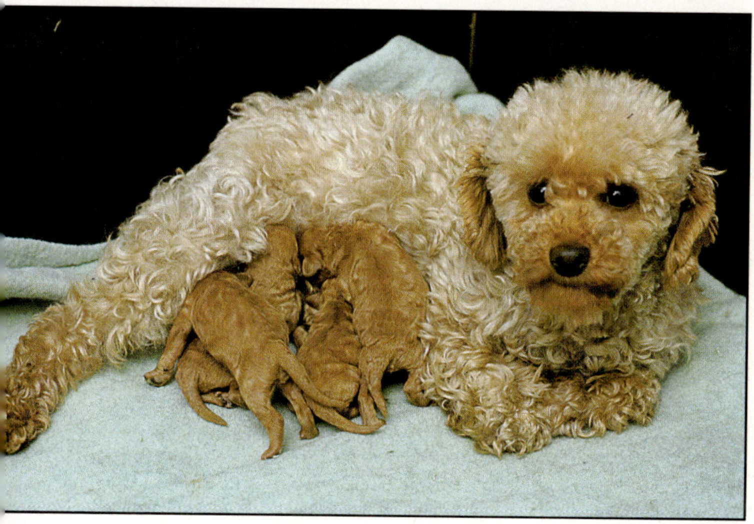

Folge, ruht dann ein wenig aus, danach wird der Rest des Wurfes geboren. In der Ruhezeit nimmt sie meist gerne einen Stärkungstrank Milch mit Traubenzucker oder Honig an.

Ist die Geburt abgeschlossen, sollte man die Hündin ohne Störung mehrere Stunden ruhen lassen. Danach muß sie nach draußen, um sich zu lösen, darf dann aber schnell zu ihrem Wurf zurück. Über die ersten 24 Stunden gibt man hauptsächlich flüssige Nahrung: Milch mit Traubenzucker oder Honig oder ein leichtes Rührei. Für die Milcherzeugung der Hündin ist ausreichend Wasser sehr wichtig.

Ich rate dringend, am ersten Tag nach der Geburt Hündin und Welpen vom Tierarzt untersuchen zu lassen, hierbei können eventuelle Abnormitäten sofort festgestellt werden.

WELPENFÜRSORGE

Coupieren und Wolfskrallen
Im Alter zwischen 4–6 Tagen werden bei gesunden und kräftigen Welpen Wolfskrallen entfernt, wenn gewünscht, die Ruten coupiert.

Krankheitssymptome
Gesunde und fröhliche Welpen sind immer ruhig und zufrieden. Welpen, die viel schreien, frieren entweder oder sind hungrig. Ständiges Schreien könnte ein Anzeichen einer ernsthaften Erkrankung sein, bedarf tierärztlicher Kontrolle.

DIE SÄUGENDE HÜNDIN

Über die Säugezeit ist es wichtig, der Hündin reichhaltig nährstoffreiche Nahrung zu bieten, sie braucht täglich zumindest drei Mahlzeiten. Viel Flüssigkeit ist gleichfalls wichtig.

Unten: *Neugeborene Welpen können auf allen vier Läufen auf ihre Mutter zukriechen, obwohl sie weder stehen noch gehen können. Dieses Welpenkriechen ist eine Reflexaktion.*

Ganz unten: *Gesunde Welpen haben bei der Geburt einen starken Saugreflex, begleitet von dem sogenannten »Milchtritt« der Vorderläufe, wodurch der Milchfluß der Hündin angeregt wird.*

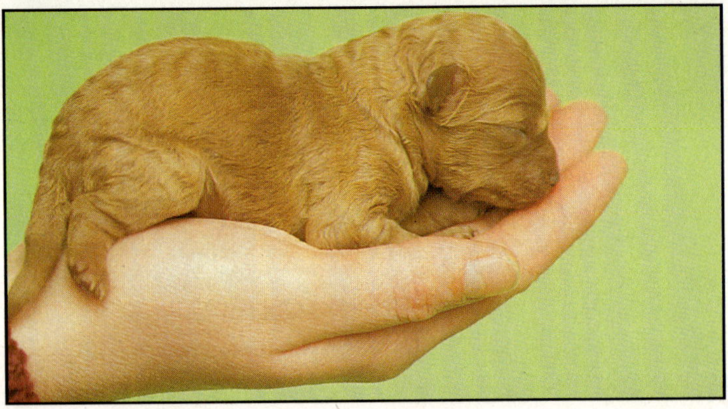

Eklampsie
Wegen des schnellen und gefährlichen Verlaufs der Eklampsie, die unabhängig von der Zahl der Welpen jederzeit zwischen zwei und vier Wochen nach der Geburt eintreten kann, ist es wichtig, Ursache und Symptome zu kennen. Eklampsie ist eine Folge von Kalziummangel im Blut der säugenden Hündin. Symptome sind Hecheln, Zuckungen, etwas verstörter Gesichtsausdruck, stelzender Gang, Starre in den Muskeln und Ruhelosigkeit. Um das Leben der Hündin zu retten, ist sorgfältige Hilfe in Form einer intravenösen Kalziumspritze erforderlich.

ENTWICKLUNG DER WELPEN

Gewicht 8–10 Tage nach der Geburt sollte ein Welpe sein Geburtsgewicht verdoppelt haben. Tägliches Wiegen wird empfohlen, bei Gewichtsverlust oder fehlender Gewichtszunahme über zwei Tage ist Zusatzfütterung notwendig.

Saugreflex Dieser ist bei gesunden Welpen von Geburt an stark. Er ist schwach, wenn der Welpe krank, kalt oder noch nicht voll ausgereift ist – es ist außerordentlich wichtig, die Welpen warm zu halten (vergleiche unten).

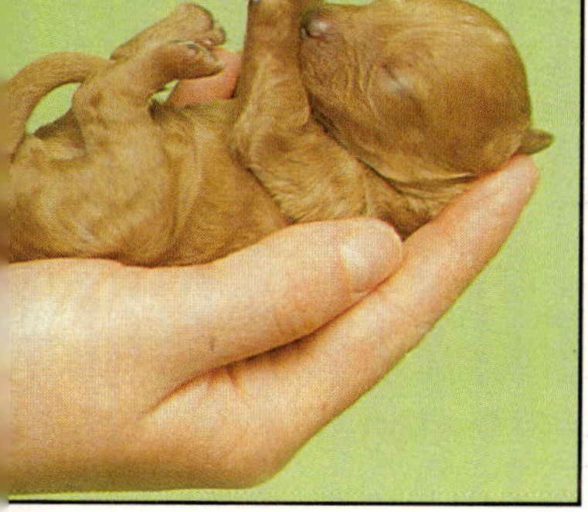

Körpertemperatur Diese beträgt in den ersten zwei Wochen etwa 34,4–37,2 °C, von 2–4 Wochen 36,1–37,7 °C. Die Normaltemperatur eines ausgewachsenen Hundes liegt bei 38,6 °C. Dies erklärt deutlich, warum man Welpen gut warm halten muß. Ein Zitterreflex gegen Kälte entwickelt sich erst etwa acht Tage nach der Geburt. Deshalb muß über die ersten zwei Lebenswochen die Temperatur in der Wurfkiste hoch liegen, etwa zwischen 24 und 27 °C. Normale Welpen zeigen im Alter zwischen ein und drei Wochen zuweilen zuckende Bewegungen, dies verliert sich etwa im Alter von einem Monat.

Bewegungsablauf Ab einem Alter von drei Wochen können Welpen stehen, ab vier Wochen auch gehen und laufen.

Augen Die Augen öffnen sich zwischen dem 10. und 16. Tag; in dieser Zeit ist es wichtig, sie gegen direktes, starkes Licht zu schützen.

Ohren Sie öffnen sich etwa im Alter von 13 Tagen. Ab einem Alter von vier Wochen, selten früher, erkennen die Welpen ihren Züchter.

AUFZUCHT

Haben die Welpen im Alter zwischen 10–16 Tagen die Augen geöffnet, bewegen sie sich bald umher, lernen zu gehen. Ab dieser Zeit müssen sie auch an den Klang der menschlichen Stimme, an das Angefaßtwerden gewöhnt werden.

Etwa bis zum Alter von vier Wochen brechen die Milchzähne – insgesamt 28 – durch. Obwohl sie von der Mutter noch viel Milch erhalten, ist es jetzt an der Zeit,

Oben links: *Nahaufnahme eines vier Tage alten Pudel-Welpen, die Zeit, wo Augen und Ohren noch fest geschlossen sind. Die Augen öffnen sich zwischen dem 10. und 16. Tag, die Ohren etwa im Alter von 13 Tagen.*

Unten links: *Vier Tage alter Welpe mit gut geformtem Kopf. Die Rute ist in diesem Alter noch uncoupiert. Es ist außerordentlich wichtig, Welpen in diesem Alter gut warm zu halten.*

mit der Beifütterung zu beginnen. Ein wenig rohes Schabefleisch, zwischen den Fingern auf Körpertemperatur angewärmt, ist nach meiner Erfahrung die schnellste und erfolgreichste Fütterungsmethode. Zunächst nuckeln die Welpen am Fleisch, sind sie auf den Geschmack gekommen, verzehren sie den Rest mit Vergnügen. Recht bald, nach wenigen Tagen, erhalten sie täglich zwei Fleischmahlzeiten. Haben die Welpen Fleisch fressen gelernt, sollte man ihnen eine warme Milchmahlzeit anbieten. Kuh- und Ziegenmilch eignen sich beide vorzüglich dafür, es gibt aber auch industriell hergestellte Welpenmilch, die durchaus zu empfehlen ist. Man mischt die Flüssigkeit mit Zeralien wie Futterflocken, Cornflakes oder Haferflocken, dickt dies zu einem Brei an. Ein- oder zweimal wöchentlich gibt es zur Abwechslung etwas Rührei. Wenn die Welpen gut gedeihen, kann man sowohl zur Fleisch- wie zur Milchmahlzeit in Ergänzung getoastetes Vollkornbrot anbieten.

In dieser Entwöhnungsperiode sollte man die Mutterhündin immer länger von den Welpen trennen. Hündinnen haben einen Naturinstinkt, der den Menschen abstoßend erscheinend mag. Geht die Muttermilch zurück, würgt sie häufig den Welpen ihr eigenes Futter vor, wenn man sie in die Nähe der Welpen läßt. Solange sie keine großen Fleischbrocken oder groben Hundekuchen gefressen hat, kann dies den Welpen nicht schaden, aber man muß die Hündin nochmals füttern. Deshalb ist es vernünftiger, die Hündin zumindest eine Stunde nach ihrer Mahlzeit von den Welpen zu trennen.

Sind die Welpen voll an die Fütterung gewöhnt, kann man sie einzeln aus verschiedenen Schüsseln füttern. Damit kontrolliert man die Futtermenge jedes Wel-

Tierärztlicher Hinweis über Hundesterilisation

Wir wissen bereits, Hündinnen werden periodisch heiß, zu dieser Zeit lassen sie sich von Rüden decken. Während der Hitze scheiden sie eine blutige Flüssigkeit aus, die das Haus verunreinigen kann. Die Perioden dauern in der Regel drei Wochen, treten zweimal jährlich auf. Der Hitze kann eine zweimonatige Scheinschwangerschaft folgen, die bis zu Veränderungen der Körpertemperatur der Hündin gehen kann, die Hündin beginnt ein Wurflager vorzubereiten, leidet unter Appetitmangel, wird möglicherweise launisch. Über die Hitze unternimmt eine Hündin alles, um zu Hause auszurükken, irgendeinen Rüden zu finden – unabhängig von Größe und Rasse – um sich mit ihm zu paaren.

Hormonelle Unterdrückung der Hitze erzielt man über Hormonpillen oder Injektionen. Die Anwendungsmöglichkeiten sollte man mit dem Tierarzt besprechen. Über kurze Zeiträume sind solche Mittel nützlich, sie können aber Komplikationen wie Diabetes, Gewichtsverlust, kürzere Abstände zwischen den Hitzen, vermehrte Gefahr der Tumorbildung zur Folge haben.

Die Probleme von Hitze und Scheinschwangerschaft lassen sich durch chirurgische Entfernung von Gebärmutter und Eierstöcken lösen. Dies ist eine große Operation, aber eine, die von Tierärzten routinemäßig durchgeführt wird. Die Hündin gesundet innerhalb einer Woche, in der Regel wird die Operation etwa in der Mitte zwischen zwei Hitzen durchgeführt.

Vorteile

Erfolgt die Kastration nicht, ist aufgrund der Hitze die Haushündin für sechs Wochen im Jahr mehr oder weniger aus der Reihe, oft treten auch die mit der Scheinschwangerschaft verbundenen weiteren Symptome auf. Die Gefahr von Tumoren in der Milchleiste (von denen einige bösartig sein können) wird verringert und eine Notoperation der Gebärmutter aufgrund einer Gebärmutterentzündung fällt bei einer kastrierten Hündin nie an.

Nebeneffekte

Entgegen anderen Behauptungen ändert sich der Charakter des Hundes nicht. Die häufigsten Veränderungen nach der Operation sind Gewichtszunahme, die aber nicht auftreten müssen. Nach der Operation läßt der Bewegungsdrang der Hündinnen nach, muß **weniger** Futter verabreicht werden.

Rüdenkastration

Die sexuellen Aktivitäten der Rüden sind saisonal unbegrenzt, dauern über das gesamte Jahr. An sexueller Übererregung leidende Rüden kann man kastrieren, auch durch Medikamente ihre Sexualaktivitäten unterdrücken. Führt man die Kastration durch, bedarf es nach dieser Operation entsprechender Reduzierung der Futtermengen.

pen, sieht, ob alle richtig fressen. Entsprechend Größe und Appetit jedes Welpen sind die Futtermengen verschieden. Man füttert etwa alle vier Stunden, täglich drei Fleischmahlzeiten mit angefeuchtetem Welpenmehl und zwei Zeralienfütterungen mit Milch oder Fleischbrühe.

Oben: *Die einfachste Methode, Welpen zusätzlich zu füttern, ist der Beginn mit der Fütterung von geschabtem rohen Fleisch aus den Händen. Zunächst nukkeln die Welpen, dann fressen sie mit Begeisterung. Auch dieser ältere Welpe genießt diese Fütterungsmethode.*

ENTWURMUNG

Im Alter von 2 1/2–3 Wochen erfolgt die erste Wurmkur auf Spulwürmer, diese wird bis zum Alter von drei Monaten in zweiwöchigen Intervallen wiederholt. Verwendet werden Wurmpaste oder Wurmtabletten entsprechend den Anweisungen des Tierarztes. Ratschläge zur Entwurmung und zur Behandlung gegen andere Parasiten beim älteren Hund finden die Leser auf den Seiten 37 und 44.

Kapitel sieben

AUSSTELLUNG

Die Rassestandards
Auswahl eines vielversprechenden Jungtieres
Ausstellungstraining
Ausstellungssysteme
Die erste Ausstellung
Crufts Dog Show

DIE RASSESTANDARDS

Der Rassestandard versucht, ein ideales Exemplar einer Hunderasse in Worten zu beschreiben, ist damit Basis für die Beurteilung des Hundes im Ausstellungsring. Als »Wortbild« ist der Standard jedoch vielen verschiedenartigen Interpretationen durch Richter wie Aussteller unterworfen. Der Rassestandard für Pudel ist für alle vier Größenarten identisch. Klein-, Zwerg- und Toypudel sollten in jeder Hinsicht ein Ebenbild des Großpudels in kleinerer Form sein, – eben mit Ausnahme der verlangten Größe, die im französischen Originalstandard wie im FCI-Standard festgelegt sind.

FCI – Standard

Übersetzung: Dr. H. Wirtz

I. Allgemeinerscheinung und Veranlagung
Kriterien der Rasse: Zugehörigkeit zur Gruppe der Nutz- & Begleithunde. Ein harmonisch gebauter mittelliniger Hund mit charakteristisch gekräuselter Behaarung oder in Schnürenbehaarung.

Der Gesamteindruck ist der eines intelligenten, stets wachsamen, munteren, harmonisch gebauten Hundes, der den Eindruck von Anmut und Adel erweckt. Der Pudel hat ein tänzelndes und leichtes Gangwerk, das nie gestreckt und ausgreifend sein darf. Er ist treu, gelehrig und ausbildungsfähig und daher ein besonders angenehmer Begleithund.

II. Kopf
Edel, geradlinig, gut proportioniert zum Körper; seine Länge soll etwas mehr als 2/5 der Widerristhöhe betragen. Ohne schwer und kräftig zu sein, darf er auch nicht übertrieben fein sein. Die plastische Form muß unter der bedeckenden Haut erkennbar sein.

Unten: *Ch. Montravia Tommy Gun, bester Hund der Ausstellung auf Crufts 1985, Crufts Supreme Champion, in England 1984 Dog Of The Year. Vergleicht man diesen Hund mit dem Skelett, ergibt sich aus beiden Bildern Perfektion!*

Skelett
1 Nasenknochen, 2 Augenhöhle, 3 Jochbogen, 4 Oberkieferbein, 5 Hinterhauptbein, 6 Oberkiefer (Maxilla), 7 Atlas (Träger), 8 Axis (zweiter Halswirbel), 9 Halswirbel, 10 Schulter, 11 Schultergelenk, 12 Oberarm (Humerus), 13 Unterarm (Elle und Speiche), 14 Handwurzel, 15 Brustbein (Sternum), 16 Vordermittelfuß (Mittelhand), 17 Rippen, 18 Wirbelsäule, 19 Becken, 20 Kreuzbein, 21 Rutenwirbel, 22 Hüftknochen, 23 Oberschenkel, 24 Unterschenkel (Schienbein und Wadenbein), 25 Fußwurzel, 26 Mittelfuß, 27 Patella (Kniescheibe), 28 Zehenknochen

Anatomiepunkte
A Fang, B Stop, C Oberkopf, D Lippen, E Lefzen, F Widerrist, G Schultern, H Lendenpartie, I Rumpfpartie, J Kniegelenk, K Sprunggelenk, L Brustkorb, M Ellbogen, N Fußwurzel, O Vordermittelfuß, P Backen

Die blauen Umrisse illustrieren die gewünschte Form des Pudels, quadratisch aufgebauten Körper, richtige Winkelung von Vor- und Hinterhand, richtige äußere Linie in englischer Sattelschur.

Unten: *Pudelkopf von oben gesehen. Das Bild demonstriert die erwünschten Proportionen von Fang zu Oberkopf – die Länge vom Hinterhauptstachel bis zum Stop ist ungefähr gleich der Fanglänge.*

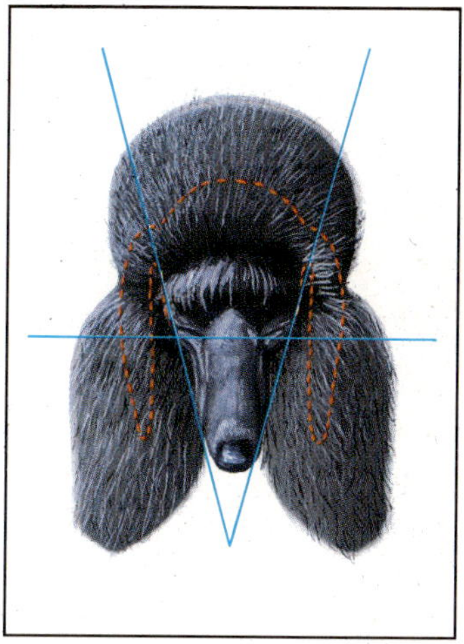

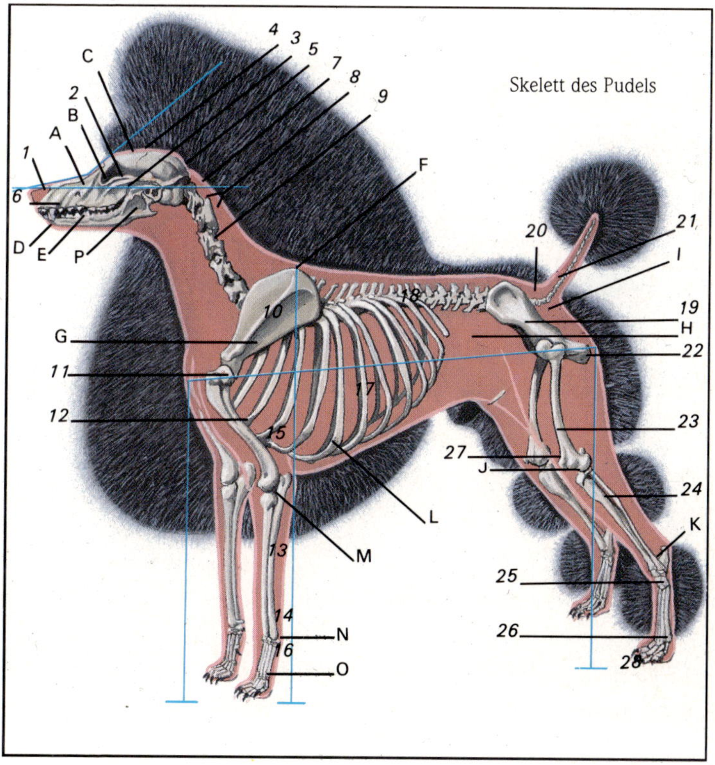

Skelett des Pudels

Nase: Betont und gut entwickelt mit vertikaler Profillinie; offene Nasenlöcher; schwarzer Nasenschwamm bei schwarzen, weißen und silberfarbenen, brauner bei braunen Hunden in allen Farbtönen von dunkelbraun bis schwarz, ohne daß die letztere Farbe bevorzugt, jedoch bei den »Apricots« akzeptiert wird, um einen möglichen Pigmentverlust zu vermeiden.
Fang: Oberes Profil geradlinig, Länge ungefähr 9/10 des Schädels. Beide Unterkieferäste laufen fast parallel. Der Fang erscheint kräftig und edel, aber nicht spitz. Das untere Profil des Fanges wird durch die Unterkieferäste bestimmt und nicht durch den Rand der Oberlippen.
Lefzen: Leicht, eher trocken, von mittlerer Dicke; die Oberlippe ruht auf der Unterlippe, ohne überzuhängen. Schwarz bei schwarzen, weißen und silberfarbenen, durchgefärbt bei braunen Hunden, in allen Farbtönen von dunkelbraun bis schwarz, ohne daß letztere Farbe bevorzugt, bei den »Apricots« jedoch akzeptiert wird.

Die Lippenwinkel dürfen nicht ausgeprägt sein.
Kiefer: Normal ausgerichtet, kräftige Zähne. Das Fehlen eines Prämolars sollte beim Richten oder bei Zuchtzulassungsprüfungen nicht als Fehler bestraft werden.
Wangen: Nicht hervortretend, den Knochen anliegend. Die Wölbung unter den Augenhöhlen muß gut gemeißelt und wenig ausgefüllt sind. Die Kaumuskeln, als anatomische Basis der Wangen, sollen nicht stark entwickelt, die Jochbeinbögen nur sehr wenig vorspringend sein.
Stirnabsatz (Stop): Sehr wenig ausgeprägt als mittelliniger Hund.
Schädel: Gut geformt, seine Breite beträgt weniger als die Hälfte der Kopflänge (die Seitenlinie bildet mit der Längsachse einen Winkel von ca. 16 °–19 °). Der ganze Kopf, von oben gesehen, erscheint in Längsrichtung oval und von der Seite her leicht konvex. Die Längsachsen gehen leicht auseinander.
Augenbrauenbögen: Mäßig vorspringend und mit langen Haaren bedeckt.
Stirnfurche: Breit zwischen den Augen, verjüngt sich nach dem Hinterhauptstachel zu, der sehr ausgeprägt ist (Bei den Zwergpudeln darf er weniger ausgeprägt sein.)
Augen: Feuriger Ausdruck, in der Höhe des Stirnabsatzes (Stop) eingesetzt und leicht schräg gestellt. Die Stellung der Augenlieder gibt den Augen einen mandelförmigen Ausdruck. Schwarz oder sehr dunkelbraun bei schwarzen, weißen, silber- und apricotfarbenen Pudeln; bei braunen Pudeln können sie dunkelbernsteinfarbig sein.
Ohren (Behang): Ziemlich lang an den Wangen herabfallend; angesetzt an einer verlängerten Linie, die von der oberen Nasenkuppe bis zur Spitze des äußeren Augenwinkels geht. Die Ohren sind flach, vom Ansatz an breiter werdend und an den Enden abgerundet, sie sind mit sehr langem welligem Haar bedeckt. Der Pudel, dessen Ohr nicht den Mundwinkel erreicht, kann nicht die Bewertung »Vorzüglich« erhalten.
Hals: Fest, trocken, leicht gewölbte Nakkenlinie, mittlere Länge, gut proportioniert. Kopf hoch und stolz getragen. Keine Wamme. Der Hals ist oval geschnitten, seine Länge ist kürzer als die Kopflänge.

III. Vordergliedmaßen

Schulter und Oberarm: Nicht zu stark entwickelter Widerrist, Schultern schräg gelagert, gut bemuskelt. Das Schulterblatt bildet mit dem Oberarm einen Winkel von 90 °–100 °; die Länge des Oberarmes entspricht der des Schulterblattes.
Unterarm: Vorderläufe vollkommen gerade und parallel gestellt, schlank, gut bemuskelt und mit kräftigen Knochen. Die Höhe vom Ellbogengelenk zum Boden beträgt 5/9 der Widerristhöhe.
Vorderfußwurzel: Verlängert die Vorderlinie des Unterarmes.
Vordermittelfluß: Kräftig aber nicht plump und von der Seite gesehen fast gerade.
Pfoten: Klein, geschlossen, ein kurzes Oval bildend, Zehen gut gewölbt, sehnig, dicht mit Schwimmhäuten versehen, auf harten, dicken Ballen stehend. Die Krallen sind schwarz bei schwarzen und silberfarbenen, schwarz oder braun bei braunen Pudeln. Bei weißen Pudeln können die Krallen in der ganzen Skala der Hornfarbe bis zum Schwarz hin gefärbt sein, müssen aber der Pigmentation entsprechen. Weiße Krallen stellen einen Fehler dar. Apricotfarbene Pudel sind in der Skala der dunkelbraunen, sogar bis zum Schwarz hin, gefärbt, ohne daß die schwarze Färbung bevorzugt, jedoch akzeptiert wird.

Rechts: *Der einmalige Charakter des Pudelkopfs, Auge und Ausdruck gehen völlig verloren, wenn der Kopf zu grob ist, die Augen rund, glotzend, der Fang zu breit wie im oberen Bild. Beim unteren Bild ist das kurzgeschorene Pudelohr zu hoch angesetzt, der Ohransatz sollte in gleicher Höhe wie der äußere Augenwinkel liegen.*

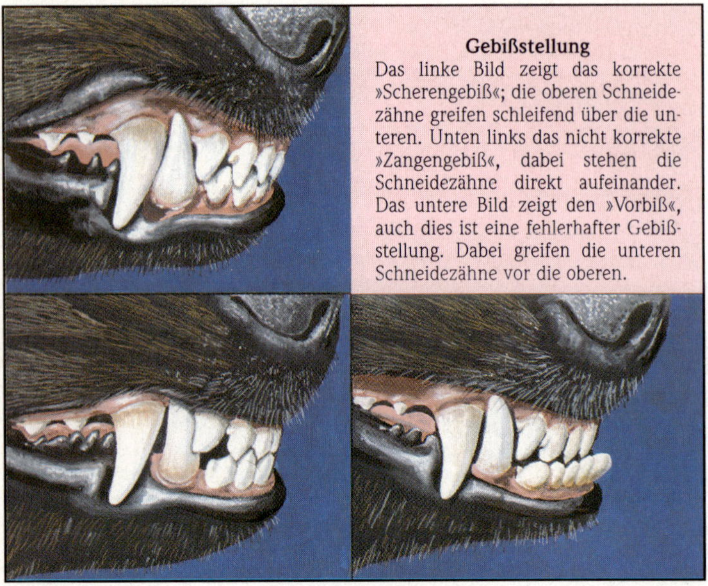

Gebißstellung
Das linke Bild zeigt das korrekte »Scherengebiß«; die oberen Schneidezähne greifen schleifend über die unteren. Unten links das nicht korrekte »Zangengebiß«, dabei stehen die Schneidezähne direkt aufeinander. Das untere Bild zeigt den »Vorbiß«, auch dies ist eine fehlerhafter Gebißstellung. Dabei greifen die unteren Schneidezähne vor die oberen.

IV. Körper
Das »Gebäude« ist wohlproportioniert. Die Körperlänge ist im allgemeinen etwas mehr als die Widerristhöhe.
Vorbrust: Normal wie bei einem mittelligen Hund. Die Brustbeinspitze soll leicht gewölbt sein und hoch genug liegen, um ein höheres, leichteres und edleres Tragen des Kopfes zu ermöglichen.
Brustkorb: In der Höhe des Ellbogengelenkes beträgt seine Breite 2/3 der Höhe (von der Wirbelsäule bis zum Brustbein gemessen). Der Umfang des Brustkorbes, gemessen hinter der Schulter, muß die Höhe des Widerristes um mindestens 10 cm überschreiten.
Rippen: Ovales Rippenschiff, im Rückenteil breit.

Unten: *Außen links gut gewinkelte Hinterhand, Mitte und rechts falsche Stellung, zu steile Winkelung im Knie und im Sprunggelenk.*

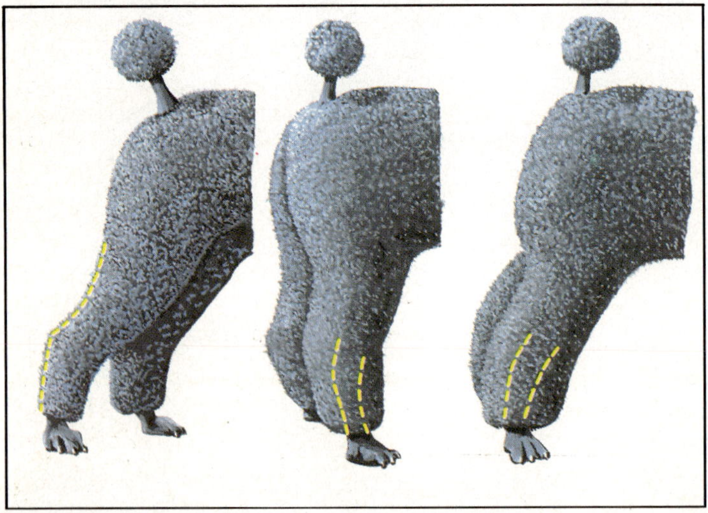

Rücken: Von harmonischer Linie, kurz. Er darf weder gewölbt noch eingesunken sein. Die Höhe vom Boden bis zum Widerrist ist fast die gleiche wie die vom Boden bis zur Kruppe.
Lenden: Fest und gut bemuskelt.
Bauch und Flanken: Aufgezogen, ohne windhundartig zu sein.
Kruppe: Abgerundet, aber nicht abfallend.
Rute: Hoch genug, in der Höhe der Nierenlinie angesetzt. Sie sollte um ein Drittel bzw. auf die Hälfte der Länge vom Körper aus bei den Wollpudeln gekürzt werden. Jedenfalls ist eine lange und gut getragene Rute kein Fehler, bei der Bewegung wird sie schräg gehalten. Sie kann beim Schnürenpudel in der ganzen Länge belassen werden.

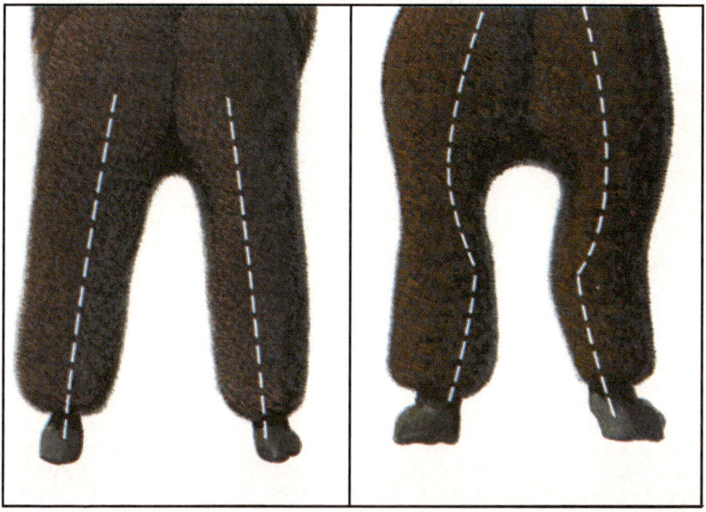

Oben: *Das linke Bild zeigt die korrekte Hinterhandstellung parallel von Hüfte bis Pfoten. Rechts Kuhessigkeit, in der Bewegung berühren sich die Läufe nahezu an den Sprunggelenken.*

Unten: *Dieser Pudel hat folgende Fehler – kurzer Hals, schlechte, nach oben verlaufende Rückenlinie, zu hoch angesetzte Rute, steile Hinterhand.*

V. Hintergliedmaßen
Schenkel: Gut bemuskelt und kräftig.
Läufe: Hinterläufe, von hinten gesehen, parallel gestellt. Muskeln gut entwickelt und gut sichtbar. Das Knie bildet fast einen rechten Winkel. Die Winkel – Bekken-Oberschenkel, Oberschenkel-Unterschenkel und Unterschenkel-Hintermittelfuß – sollen ausreichend ausgeprägt sein, um eine unerwünscht abfallende Kruppe zu vermeiden.
Sprunggelenk und Hintermittelfuß: Senkrecht stehend, ohne angeborene Afterkrallen.
Pfoten: siehe Vorderpfoten.

VI. Behaarung
Farben: (beim Woll- und Schnürenpudel): Schwarz, Weiß, Braun, Silber und Apricot.

a. Das Braun soll einen kräftigen Farbton haben, dunkel genug, einheitlich und warm. Die Schattierungen bei der braunen Farbe dürfen weder beige bzw. noch hellere Abweichungen erreichen. Die dunkelbraune Farbe darf nicht zu sehr ins Schwarze übergehen wie bei der Aubergine oder dem Negerkopf.
b. Das Silber muß einheitlich sein. Die Schattierungen dürfen weder schwarz noch weiß aufweisen.
c. Das Apricot muß einheitlich sein, es darf weder zur Beige- oder Creme-Farbe tendieren, noch zur braunen Farbe und deren Tönungen.

Schur:
Löwenschur (Klassische Schur): Der Pudel, sei er Woll- oder Schnürenpudel, wird auf der Hinterhand bis zu den Rippen geschoren. Ebenso werden geschoren: der Fang oben und unten von den unteren Augenlidern an, die Wangen, die Vorder- und Hinterläufe bis auf die Quasten und beliebige Motive auf der Hinterhand, die Rute bis auf eine runde oder längliche Endquaste. Für alle Arten ist der Schnurrbart angezeigt. Das Belassen der Haare an den vorderen Gliedmaßen, genannt »Hosen«, ist erlaubt.
Moderne Schur. Bei dieser ist das Stehenlassen der Haare an den vier Gliedmaßen unter der ausdrücklichen Bedingung zugelassen, daß die folgenden Richtlinien beachtet werden.

1. Er werden geschoren:

a. der untere Teil der Vorderläufe von den Krallen bis in die Höhe der Wolfskralle, der untere Teil der Hinterläufe bis zu einer den Vorderläufen entsprechenden Höhe. Es ist jedoch zulässig, lediglich die Zehen kurz zu scheren.
b. Kopf und Rute gemäß oben erwähnten Vorschriften für die Löwenschur.

Als Ausnahmen sind bei dieser Schur zugelassen:

Unten: *Dieser schöne Apricot Toypudel hat eine sehr schöne Fellfarbe. Gewisse Farbnuancen in der Fellschattierung sind erlaubt.*

- Das Stehenlassen einer kurzen Behaarung auf der Unterseite des Unterkiefers – nicht über 1 cm lang –, deren untere Linie parallel zum Unterkiefer verlaufen muß. Der sogenannte »Bocksbart« ist nicht zulässig.
- Das Weglassen der Endquaste der Rute.

2. Haarschnitt:
Die Haare sollen am Körper dergestalt sein, daß die obere Rückenlinie ein Haarkleid von mindestens einem Zentimeter Länge aufweist. Die Haarlänge erhöht sich fortlaufend an den Seiten und den oberen Teilen der Gliedmaßen.

3. Haarform:

a. auf dem Kopf verbleibt eine Haube von angemessener Höhe, ebenso am Halse, wo sie nach hinten bis zum Widerrist abfällt, während die Schur vorn ohne Unterbrechung von der Brust ab in einer leicht schrägen Linie bis zu der ausgeschorenen Fußpartie reicht.

   Über den Ohren und bis höchstens zu einem Drittel ihrer ganzen Länge kann die Behaarung mit der Schere gekürzt oder in Haarwuchsrichtung geschoren werden. Der untere Teil der Ohren wird mit Haaren bedeckt gelassen, deren Länge von oben nach unten allmählich zunimmt oder die in Fransen auslaufen, die ausgeglichen werden können.

b. an den Läufen, also bei den »Hosen« beginnend, von unten in geringster Haarlänge, aber unter Markierung einer klaren Trennungslinie von der ausgeschorenen Fußpartie. Das Haar wird nach oben zunehmend länger, um auf der Schulter und der Lende, je nach Größe des betreffenden Tieres, eine Länge von 4–7 cm bei langgezogenem Haar aufzuweisen, wobei alles »Bauschige« zu vermeiden ist. Die Hose der Hinterläufe muß die für den Pudel typische Winkelung hervorheben. Jede Phantasieschur, die von diesen Standardformen abweicht, wird vom Standard ausgeschlossen.

   Wie das durch das Zurechtmachen erzielte Standardbild auch ist, es darf in keiner Weise die Bewertung auf Ausstellungen beeinflussen, da alle Hunde zusammen in einer Klasse gerichtet werden müssen.

Englische Schur: Der Löwenschur können Motive auf der Hinterhand zugefügt werden, d. h. Reifen und Manschetten. Auf dem Kopf: ein Knoten (topknot). Bei dieser Schurart ist der Schnurrbart unverbindlich.

Unten oben: *Falsche Pfotenstellung, nach außen gestellte Zehen, Spreizpfoten.*

Unten Mitte: *Eine vorzügliche Front mit korrektem Abstand zwischen den geraden, parallel gestellten Vorderläufen und guten, geschlossenen, oval geformten Pfoten.*

Ganz unten: *Die Front dieses Pudels ist für Ausstellungszwecke unerwünscht. Der Abstand der Vorderläufe ist viel zu breit.*

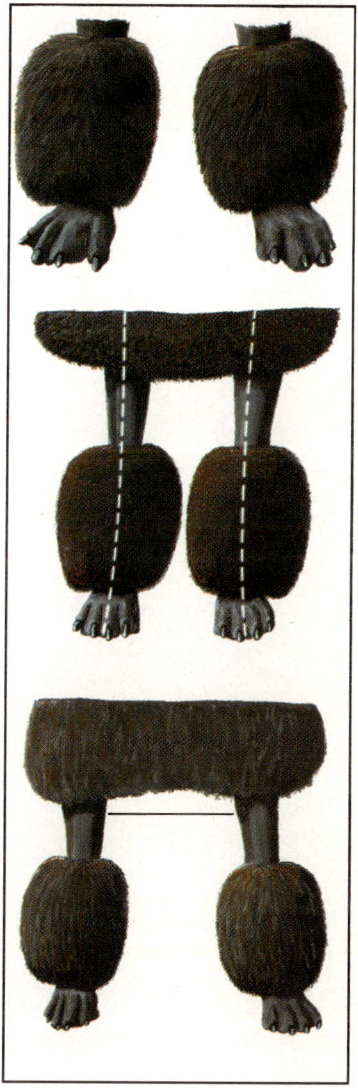

Haar:
Wollpudel: Üppiges Haar von feiner Beschaffenheit, wollig, gut gekräuselt, elastisch und dem Druck der Hand widerstehend. Es muß sehr dicht und reichlich sein, von gleichmäßiger Länge, ausgeglichen und gut durchgekämmte Locken bildend. Ein Haar, das sich borstig anfühlt, ist unerwünscht und wird gegenüber der vorschriftsmäßigen Beschaffenheit zurückgesetzt.
Schnürenpudel: Üppiges Haar von feiner Beschaffenheit, wollig und dicht, charakteristische Schnüren gleichmäßiger Länge, die mindestens 20 cm lang sein müssen. Je länger sie sind, um so mehr werden sie geschätzt. Die Schnüren können an jeder Kopfseite durch eine Bindung über den Ohren gehalten werden, diejenigen des Körpers an jeder Seite, damit die Wolle nicht unordentlich wirkt.
Haut: Geschmeidig, nicht schlaff. Die schwarzen, braunen, silbernen und apricotfarbenen Pudel müssen eine Pigmentierung entsprechend ihrer Haarfarbe haben. Für die weißen Pudel ist die Silberhaut anzustreben, aber die Pigmentierung darf die Farbe der Wolle nicht beein-

Fortsetzung auf Seite 117

AUSWAHL EINES VIELVERSPRECHENDEN JUNGTIERES

Es ist in der Praxis völlig unmöglich, im Alter von 8–10 Wochen einen Welpen mit der Gewißheit auszuwählen, daß er sich zu einem Spitzenausstellungspudel auswächst. Alles war man tun kann, ist einen Welpen bei einem Züchter von gutem Ruf zu kaufen, nach Möglichkeit sollte man dabei den Rat eines anderen erfahrenen Züchters einholen.

Als erstes bittet man darum, sich die Mutterhündin des Wurfes ansehen zu dürfen. Dann vergewissert man sich, daß der gesamte Wurf aus freundlichen, gesund und glücklich aussehenden Welpen besteht. Es ist immer ratsam, vom Züchter die Welpen nach Geschlecht aufteilen zu lassen, nur die Welpen zu studieren, aus deren Geschlecht man seine Wahl treffen möchte. Man beachtet ihre Bewegung, ihr Benehmen, ihr Spiel, wichtige Kriterien sind Ausgewogenheit, das heißt gleiche Schulterhöhe und Körperlänge ergeben einen quadratischen Aufbau. Eine gute Halslänge und aufrecht getragener Kopf sind für die künftigen Chancen eines Ausstellungshundes wesentlich.

Einzelprüfung

Zur genauen Prüfung setzt man den Junghund am besten auf einen Tisch. Der Fang des Welpen in diesem Alter sollte leicht nach unten gebogen sein, ziemlich ähnlich einer »Römernase«. Der Ohransatz muß in gleicher Höhe wie die Augen liegen, das Ohr selbst sollte dick und lang sein. Bei allen Pudeln müssen die Augen einen leuchtenden und intelligenten Ausdruck haben. Bei schwarzen, weißen und silberfarbenen Pudeln ist dunkles Braun verlangt, bei braunen dunkle Bernsteinfarbe. Apricot-farbige Hunde haben dunkelbraune oder bernsteinfarbene Augen. Von allen Pudeln wird ein mandelförmiges Auge verlangt; ein helles, rundes Auge ist unerwünscht. Wichtig ist ein Scherengebiß, weiße gleichmäßige Zähne mit enganliegenden Lefzen. Die Rute

Links: *Dieser schöne Kopf zeigt die erwünschten Qualitäten des Pudelauges – mandelförmig, dunkel, voll Temperament und Aufmerksamkeit.*

sollte hoch angesetzt sein, Rutenhaltung leicht vom Körper abgewinkelt; sie darf sich jedoch nicht ringeln oder über den Rücken gezogen getragen werden.

Die Pfoten sollten fest, von ovaler Form und mit guten Ballen versehen sein. Die Vorderläufe müssen völlig gerade sein, keine losen Ellenbogen. Hinterläufe müssen im Knie und im Sprunggelenk gut gewinkelt sein. Kauft man einen Rüden, vergewissert man sich, daß der Welpe beide Hoden im Hodensack liegen hat.

Fellfarbe und -struktur

Zum Abschluß prüft man das Haarkleid

Pudelstandard um 1880

Der englische Pudelclub wurde 1876 gegründet, einige Zeit später verabschiedete er einen Rassestandard. Nachfolgende Formulierung, die diesen Standard einzeln wiedergibt, stammt aus dem Buch »Our Friend the Dog« von Dr. Gordon Staples, das 1883 vom Verlag Dean & Sons Ltd., London, veröffentlicht wurde. Es ist ein faszinierender Vergleich zwischen diesem alten Standard und dem heute gültigen FCI-Standard.

Der Standard aus 1880 bestand aus zwei Abschnitten: »Der perfekte schwarze Pudel« und »Der perfekte rote Pudel«. Gerade der zweite Abschnitt des Standards über den roten Pudel ist von besonderem historischen Interesse. Ursprünglich glaubte ich, dieses »rot« beziehe sich auf die heutige Apricotfarbe, aber meine Forschungen in früheren Zuchtbüchern ergaben, daß dort durchaus zwischen apricotfarbenen und roten Pudeln unterschieden wurde.

Der perfekte schwarze Pudel

Allgemeine Erscheinung: Die eines kräftigen, aktiven und sehr intelligenten Hundes; gut aufgebaut, üppige Behaarung mit Locken oder lange, herunterhängende Schnüre (»cords«).

Kopf: Lang, großer Oberkopf mit viel Raum für das Gehirn. Zwischen den Ohren breit, leicht nach oben gewölbt, Augenpartie gut ausgeprägt, der ganze Kopf ist mit Locken oder Schnüren dicht bedeckt.

Fang: Lang, aber nicht geschnürt (»snipey«), kräftig, quadratisch und tief; gut ausgeprägter, aber nicht übertriebener Stop. Zangengebiß, kräftige, weiße Zähne.

Augen: Klein, dunkel und leuchtend, mit sehr intelligentem Ausdruck; sie sollten im rechten Winkel zur Gesichtslinie stehen.

Nase: Groß, von völlig schwarzer Farbe, breite, offene Nüstern.

Ohren: Sehr lang, eng an der Wange anliegend, tief angesetzt, mit Locken oder Schnüren gut bedeckt.

Hals: Gut proportioniert, sehr kräftig, um den Kopf hoch und mit Würde zu tragen.

Brustkorb: Ziemlich tief, aber nicht zu breit; kräftig, gut bemuskelt.

Läufe: Die Vorderläufe völlig gerade, sehr muskulös, fähig zur schnellen Bewegung. Sie sollten lang genug sein, um den Körper gut vom Boden abzuheben, aber nicht hochläufig wirken. Die Hinterläufe stark bemuskelt, genügend gewinkelt, mit tief gestelltem Sprunggelenk.

Pfoten: Groß, stark und ziemlich breit, Zehen gut aufgeknöchelt von guter Form; Krallen völlig schwarz, Ballen kräftig und hart.

Rücken: Kurz, gute Rippenwölbung, Lendenpartie sehr stark und muskulös, aber niemals fett.

Rute: In einem Winkel von 45 ° getragen, mit langen Locken oder herunterhängenden Schnüren.

Haarkleid: Dicht und fest. Wenn geschnürt, in langen, seilartigen Schnüren herabhängend. Wenn gelockt, müssen die Locken eng und dicht sein.

Gewicht: Groß: 27 kg (60 lb); Mittelgroß: 18 kg (40 lb); Klein: 9 kg (20 lb) und darunter.

Der perfekte rote Pudel

Alle vorangehenden Punkte gelten auch für diesen Schlag mit Ausnahme von:

Augen: Gelb, ohne schwarze Lidränder um die Augen.

Nase: Leberfarben.

Krallen: Leberfarben.

Rücken: Die Hautflecken (spots) auf dem Rücken sollten rot oder leberfarben, der ganze Körper muß frei von schwarzen Pigmentflecken sein.

sowohl auf Farbe wie Struktur. Sollen schwarze Welpen sich auch zu erwachsenen schwarzen Pudeln auswachsen, muß das Welpenhaar kohlschwarz sein. Braune und apricotfarbene Hunde verblassen meist mit dem Heranwachsen, so müssen sie zur Auswahlzeit wirklich dunkle Farbe haben. Silberfarbene werden schwarz geboren, etwa mit acht Wochen zeigt sich die Silberfarbe unter den Pfoten und rund um die Augen.

Das Pigment auf Nase, Lefzen und Augenlidern bei cremefarbenen und weißen Pudeln muß schwarz sein, schwarze Krallen sind erwünscht. Ein brauner Pudel sollte eine dunkel leberfarbene Nase, Lefzen, Augenlider und Zehennägel haben. Bei schwarzen, silberfarbenen und blauen erwartet man schwarze Nasen, Lefzen, Lider und Krallen. Apricotfarbene Pudel mit dunklen Augen haben schwarze Nasen, Lefzen und Lider; bei dunkelbernsteinfarbenen Augen haben sie leberfarbene Nasen, Lefzen und Augenlider.

Es ist sehr schwierig, die Struktur des Welpenkleides zu beurteilen, man sollte aber ein dünnes, spärliches Haarkleid meiden. Am besten achtet man auf dikkes, dichtes, ziemlich langes Fell, das an den Wurzeln leicht gelockt ist.

Gewicht und Schulterhöhe

Ein Großpudel im Alter von acht Wochen wiegt etwa 4,8 kg bei einer Schulterhöhe von 26–28 cm, zeigt kräftige, gesundgewachsene Knochen, sieht natürlich in diesem Alter etwas unfertig und kopflastig aus. Im selben Alter wiegen Kleinpudel ungefähr 2,3 kg, Toypudel 1,4 kg.

Ein im Alter von acht Wochen gut aussehender Junghund ist gewöhnlich auch als Erwachsener ein guter Hund, aber alle Größen haben ihr »Häßliches-Entchen-Stadium« so zwischen fünf und neun Monaten. Kleinpudel sehen in diesem Alter oft hochläufig, Großpudel nicht groß genug und Zwerge etwas unausgewogen aus.

AUSSTELLUNGSTRAINING

Der Großteil der Ausstellungserziehung für Groß-, Klein-, Zwerg- und Toypudel ist gleich, es gibt aber folgende Verschiedenheiten. Naturgemäß entfällt beim Großpudel die Erziehung, um sich auf dem Tisch vom Richter prüfen zu lassen. Man braucht ihm auch nicht beizubringen, sich auf den Frisiertisch zu stellen und zu legen. Im Ausstellungsring wird er immer

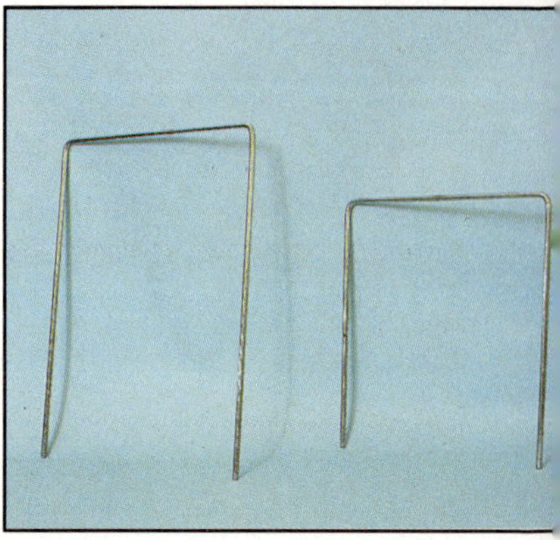

Oben: *Zwei englische Standardmetallbrücken-Maße zur Messung der Schulterhöhe von Klein- und Toypudeln.*

Rechts: *Ein vorbildliches Beispiel eines Junghundes, der auf dem Ausstellungstisch auf seine künftige Ausstellungskarriere vorbereitet wird.*

nur ruhig stehend auf dem natürlichen Ringboden geprüft.

Messen

Man gebraucht in England Meßbügel (Galgen) (in Deutschland Holz- oder Metallmaße) nur für Klein- und Zwergpudel. Nach dem FCI-Standard darf der Kleinpudel 36–45 cm, der Zwergpudel 29–35 cm Schulterhöhe haben, der Toy 28 cm und darunter (Idealmaß 25 cm). Die englischen Maße lauten für Kleinpudel unter 38 und für Toypudel unter 28 cm. Der englische Kennel Club verlangt in seinen Ausstellungsrichtlinien, daß vor der Vergabe einer Siegeranwartschaft mit einem Maß auf harter, ebener, griffiger Oberfläche die Schulterhöhe der Hunde durch den Richter kontrolliert werden muß. Für diese Arbeit wird vorgeschrieben, daß ein entsprechend vorbereitetes Rückenmaß aus Metall von der Ausstellungsleitung bereitgestellt wird.

Solche Messungen werden im allgemeinen auf dem Richtertisch durchgeführt, sind bei der Prüfung durch den Richter Routine. Zusätzlich zu den allgemeinen Ausstellungsvorbereitungen ist es zweckmäßig, Klein- und Zwergpudel auch daran zu gewöhnen, daß ihnen ein solches Metallmaß über die Schulter gelegt wird, ohne daß es sie scheu macht. Dies ist eine recht einfache Übung, fängt man jung an, gewöhnen sie sich schnell daran, wenn sie auf den Tisch gestellt

werden und das Maß täglich kurzzeitig über ihre Schultern gelegt wird.

Ausstellungsposition

Um den Hund in die korrekte Ausstellungsposition zu bringen, hält man ihn am Kopf und stellt beide Vorderläufe so, daß die Pfoten weder nach innen noch nach außen gedreht sind. Ein Hund mit korrektem anatomischen Aufbau kommt ganz alleine in der richtigen Stellung mit den Vorderläufen auf den Boden, wenn man ihn zuerst etwas mit dem Kopf vom Boden abhebt, er braucht dann keine weiteren Korrekturen. Ist die Front richtig aufgestellt, korrigiert man wenn notwendig die Hinterläufe so, daß sie völlig parallel und nicht zu dicht zusammen stehen. Jetzt hält man die Leine ziemlich straff nach oben, Halsband direkt hinter den Ohren, hält damit mit der linken Hand den Hundekopf aufrecht und kann mit der rechten Hand die Rute in die richtige Stellung bringen, wenn der Hund sie absinken läßt.

Je früher man damit beginnt, den Junghund für seine Aufgabe als Ausstellungshund zu trainieren, umso schneller lernt er. Man kann mit einem solchen Aufstellen auf einem Tisch beginnen, sobald sich der Welpe an seine neue Umgebung gewöhnt hat. Man streichelt ihn dabei mit der Hand über Kopf, Körper und Läufe. Zart prüft man Fang und Zähne, streichelt den Rücken des Hundes und lobt ihn über die ganze Zeit. Immer wenn man den Hund in Ausstellungsposition stellt, empfiehlt sich das Kommando »Bleib!«. Immer ein kleiner Leckerbissen, ganz gleich, wie kurz das »Bleib« ausfällt.

Die erste Übung sollte immer recht kurz sein, nicht länger als eine Minute muß der Hund in seiner »Bleib-Stellung« verharren. Man sollte diese Übung zur täglichen Routine machen, immer nach dem gleichen Muster, die »Bleib-Periode« aber jedesmal etwas länger gestalten. Danach gibt es immer eine Belohnung, das Posieren muß etwas werden, woran der Hund Freude hat, und zu keiner anderen Zeit sollte er diesen besonderen Leckerbissen erhalten, es kann ein Stückchen Käse oder ein Stückchen gekochte Leber oder Huhn sein. Ich empfehle Käse, denn dieser ist trocken und immer verfügbar.

Das Dreieck

Um den Pudel auf den Bewegungsablauf im Ausstellungsring vorzubereiten, ist es eine gute Idee, im eigenen Garten einen zeitweiligen Hilfsring einzurichten. Der Hund muß sich stets zwischen Führer und Richter bewegen, man hält deshalb die Vorführleine stets locker in der linken Hand. Die meisten Richter verlangen die Vorführung des Hundes im Dreieck, dadurch können sie den Bewegungsablauf des Hundes kontrollieren, während er sich vom Richter wegbewegt, seitlich, und wenn er zum Richter zurückkommt. Gelegentlich verlangt der Richter auch nur einen geraden Gang von sich weg durch den Ring und zurück auf ihn zu. Bei dieser Übung darf man bei der Wendung den Schritt nicht verändern, vielmehr bewegt man sich in einer kleine U-Wendung, ohne den Bewegungsablauf des Hundes zu unterbrechen. Hält man an und dreht damit den Hund plötzlich um, kann er völlig aus dem Rhythmus geraten und sich auf dem Rückweg auf den Richter zu schlecht bewegen.

Man übt dieses Dreieck im Garten und ermuntert dabei mit der Stimme seinen Hund. Stets soll der Hundekopf aufrecht sein. Versucht er, am Boden entlang zu schnüffeln, streichelt man ihn unter dem Kinn, notfalls bedarf es eines festen »Nein!«, damit der Hund versteht, was man von ihm will, korrigiert er sich, ist Lob und ein Leckerbissen seine Belohnung.

Gebißkontrolle

Man sollte bei den Übungen zu Hause so viele Menschen als möglich auf dem Vorführtisch »über den Hund gehen lassen«, auch Fremde, dadurch gewöhnt er sich an die verschiedenartigen Methoden, die der Richter bei seiner Prüfung anwendet. Man darf dabei nicht vergessen, auch die Zähne kontrollieren zu lassen. Dabei legt man eine Hand zart an den Unterkiefer, die andere an den Oberkiefer. Mit den Fingern hebt man zart die obere Lefze an, zieht die untere Lefze nach unten. Mehr bedarf es nicht, um beim Pudel die korrekte Gebißstellung und die Anzahl der Zähne zu kontrollieren, es gibt keine Notwendigkeit, die Kiefer selbst zu öffnen.

AUSSTELLUNGSSYSTEME

Hat man seinen Pudel für den ersten Schritt in die aufregende Welt der Hundeausstellungen richtig vorbereitet und erzogen, sollte man zunächst die verschiedenen Ausstellungsarten studieren, für welche der Hund zugelassen ist. Hundeausstellungen werden von den nationalen Hundezuchtvereinen ausgerichtet.

Die Art der Ausstellung selbst und auch die jeweiligen Vorschriften sind von Land zu Land verschieden.

Die Adressen der nationalen Hundezuchtverbände sind im Anhang aufgeführt.

Ausstellungsgruppen

Einige Ausstellungen sind ausschließlich für eine bestimmte Hunderasse bestimmt, man nennt sie Spezialausstellungen. Andere Ausstellungen sind für alle Hunderassen ausgeschrieben. Auf Championatsausstellungen für alle Hunderassen wird zunächst in jeder einzelnen Rasse ein Rassebester (Best of Breed) ausgewählt. Diese Rassebesten konkurrieren um den »Gruppenbesten«, die »Gruppenbesten« um den Spitzenausstellungssieger (Best in Show). In England sind die Hunderassen in sechs Gruppen aufgeteilt, dabei gehören die Pudelrassen zur »Utility-Group«.

Im Bereich der FCI, damit in allen deutschsprachigen Ländern, gehören die Pudel zu den Begleithunderassen.

ENGLISCHES AUSSTELLUNGSSYSTEM

Verschiedene Ausstellungsarten

Die verschiedenen in England vom Kennel Club genehmigten Arten von Ausstellungen sind nachstehend aufgeführt. Für den Neuling im Ausstellungswesen erscheint es vernünftig, zunächst einmal eine örtliche, kleine Hundeausstellung zu besuchen, dann mit dem weiteren Heranreifen des Jungtieres über die größere, offene Show zu Championatsausstellungen zu kommen.

Exemption Show. Diese Ausstellungen werden in der Regel zur Unterstützung von Wohltätigkeitsveranstaltungen durchgeführt. Dies ist die einzige Hundeausstellung, wo man selbst nicht registrierte Hunde vorstellen kann. Solche Veranstaltungen sind eigentlich mehr informelle, soziale Treffen, mehr als Abwechslung für Hund und Aussteller gedacht als strenger Wettbewerb. Rassehunde mit Ahnentafeln finden fast immer verschiedene Klassen, oft einschließlich einer »Puppy Class«. Dies ist die ideal Ausstellung, wenn man seinen Junghund erstmals vorstellen möchte.

Sanction Show. Dies ist eine Ausstellung ausschließlich für die Mitglieder eines entsprechenden Hundevereins, der diese Ausstellung abhält. Das oben Gesagte ist zu wiederholen, ist man Mitglied des Clubs, ist dies eine gute Gelegenheit, Junghunde erstmals auszustellen.

Primary Show. Dies ist eine recht ähnliche Veranstaltung, wiederum beschränkt auf Clubmitglieder, sehr gut für erste Ausstellungserfahrungen von Junghunden.

Limited Show. Der Teilnehmerkreis ist auf Clubmitglieder oder auch auf Aussteller innerhalb eines klar umrissenen, geografischen Bereichs beschränkt.

Open Show. Hierbei handelt es sich meist um ziemlich große Ausstellungen, auf denen jeder seinen Hund vorstellen kann, auf der jedoch keine Challenge Certificates vergeben werden.

Championship Show. Dies sind die wichtigsten Ereignisse im jährlichen Ausstellungskalender. Auf diesen Veranstaltungen sind die Kennel Club Challenge Certificates (CC) ausgeschrieben. Die Anzahl der jährlich vom Kennel Club für eine bestimmte Hunderasse ausgeschriebene CC's basiert auf der Zahl der jährlich beim Kennel Club von dieser Rasse eingetragenen Hunde. Dementsprechend werden den zahlenmäßig großen Hunderassen jährlich mehr CC's verliehen als ihren weniger populären Wettbewerbern.

Titel

Challenge Certificate (CC). Je ein CC wird an den besten Rüden und an die beste Hündin vergeben. Voraussetzung ist, daß der Richter »der Meinung ist, daß der ausgezeichnete Hund des Titels Champion würdig wäre«. Ist ein Richter nicht dieser Meinung, kann er dennoch einen Preis für den besten Rüden oder die beste Hündin vergeben, muß aber das CC einbehalten.

Reserve Challenge Certificate. Dies wird dem Reserve Best of Sex, also zweitbesten Rüden oder Hündin verliehen. Wird später der CC-Gewinner aus irgend einem Grunde disqualifiziert, erhält der Träger des Res. CC tatsächlich das CC.

Champion. Ein Hund erhält den Titel Champion, wenn er auf drei verschiedenen CC-Ausstellungen unter drei verschiedenen Richtern drei CC's gewonnen hat, vorausgesetzt eines der CC's wurde im Alter von mehr als zwölf Monaten vergeben. Alle Richter, die CC's verleihen dürfen, wurden vom Kennel Club aufgrund ihrer Erfahrung, ihres Wissens und ihrer Verdienste um die betreffende Rasse, die sie richten, ausgewählt.

Junior Warrant. Auf Antrag beim Kennel Club kann dies für jeden Hund verliehen werden, der vor einem Alter von 18 Monaten 25 Punkte in Ausstellungsklassen erworben hat. Diese Punkte werden wie folgt verliehen: Ein Punkt für den ersten Preis auf einer offenen Ausstellung, drei Punkte für einen ersten Preis auf einer Championatsausstellung, auf der für die betreffenden Hunderasse CC's vergeben werden.

Ausstellungsklassen

Nachfolgend die Definition der Klassen auf Open und Championship Ausstellungen. Dies sind die Klassendefinitionen entsprechend den Kennel Club Regulations (abgedruckt mit freundlicher Genehmigung des Kennel Club). Diese Re-

Unten: *Fünf wunderschöne Großpudel, die im Ausstellungsring eine kurze Verschnaufpause haben, ehe der Richter an die Einzelmusterung geht.*

geln werden auf allen Ausstellungspapieren in England abgedruckt, sollten vor der Meldung des Hundes sorgfältig studiert werden. Bei den meisten Championship Shows werden die Klassen noch für jedes Geschlecht aufgeteilt, also Puppy Rüde, Puppy Hündin etc. Auf kleineren Ausstellungen werden diese Klassen oft mit Rüden und Hündinnen gemischt, beide Geschlechter in der gleichen Klasse gerichtet.

Minor Puppy. Für Hunde, die am ersten Ausstellungstag sechs bis neun Monate alt sind.

Puppy. Für Hunde, die am ersten Ausstellungstag zwischen sechs und zwölf Monate alt sind.

Junior. Für Hunde, die am ersten Ausstellungstag zwischen sechs und achtzehn Monate alt sind.

Maiden. Für Hunde, die zuvor noch kein Challenge Certificate oder einen ersten Preis auf einer Open oder Championship Show gewonnen haben (mit Ausnahme der Preise in Puppy, Special Puppy, Minor Puppy und Special Minor Puppy).

Novice. Für Hunde, die noch kein Challenge Certificate oder drei oder mehr erste Preise auf Open und Championship Shows gewonnen haben (Ausnahme Bewertungen in Puppy, Special Puppy, Minor Puppy und Special Minor Puppy-Klassen).

Tyro. Für Hunde, die noch kein Challenge Certificate oder einen ersten Preis auf einer Championship Show gewonnen haben (nicht gerechnet Puppy, Special Puppy, Minor Puppy und Special Minor Puppy-Klassen).

Untergraduate. Für Hunde, die noch kein Challenge Certificate oder drei oder mehr erste Preise auf Championship Shows gewonnen haben (nicht gerechnet Puppy, Special Puppy, Minor Puppy und Special Minor Puppy-Klassen).

Graduate. Für Hunde, die noch kein Challenge Certificate oder vier oder mehr erste Preise auf Championship Shows in den Klassen Graduate, Post Graduate, Minor Limit, Mid Limit, Limit und Open gewonnen haben.

Minor Limit. Für Hunde, die noch keine zwei Challenge Certificates oder drei oder mehr erste Preise insgesamt auf Championship Shows in den Klassen Minor, Limit, Mid Limit, Limit und Open auf Ausstellungen, auf denen für die Rasse Challenge Certificates ausgeschrieben wurden, gewonnen haben.

Mid Limit. Für Hunde, die noch keine drei Challenge Certificates oder fünf oder mehr erste Preise insgesamt auf Championship Shows in den Klassen Mid Limit, Limit und Open gewonnen haben, auf Ausstellungen, auf denen CC's für die Rasse vergeben wurden.

Limit. Für Hunde, die noch keine drei Challenge Certificates unter drei verschiedenen Richtern oder insgesamt sieben oder mehr erste Preise auf Championship Shows in Limit und Open Classes gewonnen haben. Es zählen nur Ausstellungen, auf denen für die Rasse Challenge Certificates vergeben wurden.

Open. Für alle Hunde der Rassen, für die die Klasse in Wettbewerb steht und die zur Ausstellung zugelassen sind.

Das englische Klassensystem ist eine Art Hindernisrennen, in der Open Class treffen sich auf großen Ausstellungen oft auch Hunde, die bereits das Championat erworben haben. Vergleicht man die Zulassungsbedingungen in den einzelnen Klassen, dann sieht man, daß das ganze System darauf ausgerichtet ist, sieggewohnte Hunde erst in späteren Klassen zuzulassen, Neulingen mehr Chancen auf Preise einzuräumen. Dieses System trägt sicherlich dazu bei, daß in England häufig Hunde in mehreren Klassen gemeldet werden. Ein Hund kann auf einer Ausstellung damit natürlich mehrere erste Preise gewinnen.

Ausstellungskalender

In England geben die zwei wöchentlich erscheinenden Hundezeitungen »Our Dogs« und »Dog World« eine zusammenfassende Übersicht über alle Ausstellungsdaten. Angegeben werden Ort, Zeitpunkt, Ausstellungsart, offen für welche Rassen, Richter, Klassen, Adresse und Telefonnummer des Ausstellungssekretariats. Ausstellungsunterlagen werden in der Regel an alle Aussteller des Vorjahres versandt, nimmt man erstmalig teil, fordert man die Unterlagen entsprechend an. Da Ausstellungstermine stets langzeitig vorgeplant werden, besteht genügend Zeit, um die Ausschreibung zu studieren, die Klassen auszuwählen, in die man seinen Hund einschreiben möchte.

Beim Ausfüllen der Ausstellungsformulare in allen Ländern der Welt muß man sorgfältig darauf achten, alle angefragten Informationen im Meldeformular anzugeben. Mit der Einsendung sollte man möglichst auch das Meldegeld bezahlen. Man sollte eine Kopie der Meldung einbehalten, sich den Ausstellungstermin im Terminkalender vormerken, damit man ihn nicht vergißt.

AUSSTELLUNGSSYSTEM USA

US All-Breed Shows

In dem amerikanischen System des Gruppenrichtens gibt es nur fünf reguläre Klassen für jede Hunderasse (siehe unten). Nur die Bewertungen in diesen Klassen zählen für die notwendige Punktzahl, die man braucht, um Champion zu werden (siehe Seite 110).

Nach dem Richten der Einzelklassen konkurrieren die Sieger nochmals in einer Siegerklasse. Hieraus wird der beste Rüde und die beste Hündin ausgewählt.

Danach geht es um den Rassebesten. Dieser wird aus allen auf der Ausstellung in Wettbewerb stehenden Champions (Rüden und Hündinnen) ermittelt. Zuzüglich konkurrieren die zuvor ermittelten bester Rüde und beste Hündin. Das Richten der Rasse endet mit der Auswahl des besten Hundes des anderen Geschlechts (Best of Opposite Sex).

Ein solcher Wettbewerb findet in jeder Hunderasse statt. Danach konkurriert jeder Rassebeste (Best of Breed) in den Gruppen um den Gruppenbesten. Zum Abschluß wird der beste Hund der Ausstellung (Best in Show) aus den Gewinnern aller sieben Gruppen ausgewählt.

US Breed Speciality Shows

In allen diesen Ausstellungen gibt es die gleichen Klassen wie bei den All-Breed Shows, es gibt naturgemäß keinen Gruppenwettbewerb, da ja nur eine Einzelrasse gezeigt wird.

Klassen

Auf US-Ausstellungen werden nachstehende Klassen ausgeschrieben:

Puppy. Für Hunde in einem Alter von 6 bis 12 Monaten. Eine Aufteilung kann erfolgen in 6 bis 9 Monate und 9 bis 12 Monate.

Novice. Diese Klasse ist für Hunde ab 6 Monaten, die noch keine Klasse mit Ausnahme einer Puppy-Klasse gewonnen haben oder nicht mehr als dreimal die Novice-Klasse gewonnen haben.

Bred by exhibitor. In dieser Klasse sind nur Hunde im Besitz des Züchters, vorgestellt durch den Züchter, zugelassen.

American Bred. Beschränkt auf Hunde ab 6 Monaten, die in den USA gezüchtet wurden.

Open. Für Hunde ab 6 Monaten. In der Regel werden hier nur ausgereifte Hunde vorgestellt. Alle Importhunde müssen in dieser Klasse eingeschrieben werden.

Matches

Sowohl die Spezialrassehundeclubs wie allgemeine Hundeclubs führen unter Schirmherrschaft des AKC's für reinrassige Hunde Wettbewerbe in formloser Art durch. Dabei werden keine Championatspunkte vergeben. Solche Veranstaltungen bieten eine vorzügliche Gelegenheit für Clubs, Aussteller, Ringordner und alle die, die gerne Richter werden wollen, Erfahrungen zu sammeln, die man für die lizenzierten Ausstellungen braucht.

Oben: *Drei wunderschöne Kleinpudel – zwei schwarze und ein silberner – alle perfekt hergerichtet, bereit zur Präsentation im Ausstellungsring.*

Champions
Nur auf vom AKC lizenzierten Ausstellungen vergibt der American Kennel Club Punkte für den Titel Champion. Insgesamt braucht ein Rüde oder eine Hündin 15 Punkte, um diesen Titel zu gewinnen. Solche Championatspunkte erhalten Winners Dog und Winners Bitch. Die Punktzahl, die auf der jeweiligen Ausstellung vergeben wird, ist je nach Meldezahl und geografischer Lage unterschiedlich. Innerhalb der Gesamtpunktzahl muß ein Hund aber immer zumindest zwei Gewinne haben, die ihm drei oder mehr Punkte einbrachten. Die Höchstpunktzahl, die man auf einer Ausstellung erreichen kann, beträgt fünf Punkte. Als Hauptgewinne betrachtet man Punktzahlen von 3, 4 oder 5 Punkten. Ein AKC-Champion muß zumindest unter zwei verschiedenen Richtern zwei solche Hauptgewinne haben. Gewinne mit einem oder zwei Punkten nennt man »minors«. Alle Richter auf Championship Shows sind vom AKC lizenziert.

AUSSTELLUNGSSYSTEM AUF DEM KONTINENT

In Europa und vielen anderen Teilen der Welt bestimmen die von der FCI (Fédération Cynologique Internationale) beschlossenen Regeln mit nur kleinen nationalen Unterschieden das Ausstellungswesen. Für jedes Land gibt es einen eigenen nationalen Rassehundezuchtverein.

Grundsätzlich unterscheidet man zwei Ausstellungsarten: Championatsausstellungen einerseits, Spezialausstellungen der Rassezuchtvereine andererseits. Zuweilen schließen sich auch mehrere Rassezuchtvereine gleicher Interessenanlage zusammen und veranstalten eine gemeinsame Ausstellung, etwa aller Terrier-Rassen.

Das Richten
Das Richten umfaßt für jeden ausgestellten Hund einen eigenen schriftlichen Bericht. Hinzu kommen Ausstellungsbewertungen, aufgeteilt in vorzüglich, sehr gut, gut oder genügend. Der schriftliche Bericht wird in der Regel sofort im Ausstellungsring geschrieben und dem Aussteller übergeben. Aus diesem Grunde kann das Richten zuweilen eine längere Zeit in Anspruch nehmen. In Europa gibt es aber weniger Ausstellungen, auch viel weniger Spezialausstellungen als in England oder den USA.

Richter
Im gesamten Bereich der FCI erfolgt durch die nationalen Hundezuchtvereine eine sorgfältige Schulung aller Richter. Eine Zulassung für die einzelnen Rassen oder Rassegruppen erfolgt erst nach entsprechender Prüfung.

Klassen
Auf internationalen Ausstellungen umfaßt die Klasseneinteilung Jüngstenklasse (6–9 Monate), Jugendklasse (9–18 Monate), offene Klasse (Mindestalter 15 Monate) undampionklasse (Mindestalter 15 Monate, mit anerkannten nationalen und internationalen Siegertiteln). Hinzu kommt noch die Gebrauchshundeklasse für Hunde mit bestandener Arbeitsprüfung und einem Mindestalter von 15 Monaten.

Siegertitel
Aus allen Hunden mit der Bewertung »Vorzüglich« werden zunächst der beste Rüde und die beste Hündin ermittelt. In einigen Ländern wird in den Jugendklassen kein »Vorzüglich« vergeben. Wettbewerbe um den Rassebesten werden in Europa seltener ausgetragen. Dementsprechend kann auch kein Gruppenwettbewerb stattfinden, kein bester Hund der Ausstellung ermittelt werden.

Die Anwartschaften zu nationalen oder internationalen Siegertiteln erreichen Hunde auf den sogenannten CACIB-Ausstellungen, die in den europäischen Ländern ausgeschrieben werden. Um die Anwartschaft um das internationale Championat konkurrieren nur die Sieger der Offenen, Gebrauchshunde- und Championklasse. Der beste Rüde und die beste Hündin aus diesen drei Klassen erhält das begehrte CACIB (Certificate d'Aptitude au Championat International de Beauté). Auch hier hat der Richter das Recht, diese Auszeichnung zurückzuhalten, wenn nach seiner Meinung keiner der ausgestellten Hunde des Titels Champion würdig erscheint. Für den Titel »Internationaler Schönheitschampion« muß ein Hund insgesamt viermal CACIB unter drei verschiedenen Richtern in drei verschiedenen Ländern erringen. Mindestabstand zwischen dem ersten und letzten Zertifikat 12 Monate.

Die Vergabebedingungen für das nationale Championat setzt der nationale Spitzenzuchtverband fest. Teilweise konkurrieren um das CAC (Certificat d'Aptitude auch Championat) auch die Jugendklassen, je nach Entscheidung des entsprechenden Rassezuchtvereins. Auch hier sind in der Regel vier Anwartschaften unter drei verschiedenen Richtern auf drei verschiedenen Ausstellungen erforderlich.

Hinzu kommen nationale Titel wie Deutscher Bundessieger, Österreichischer Bundessieger, häufig auch von den Rassehundezuchtclubs jährlich ausgetragene Wettbewerbe um den Titel Clubsieger.

Hundeausstellungen sind der Prüfstein für die Rassehundezucht. Für Züchter und Liebhaber sollte die Teilnahme an solchen Veranstaltungen schon aus der Identifikation zur Rasse erfolgen. Gerade der Vergleich der Tiere untereinander, das Urteil des guten Spezialrichters sind wertvolle Hilfen für die Fortentwicklung der Hundezucht.

DIE ERSTE AUSSTELLUNG

Vorbereitungen

Nach dem Entscheiden über Datum und Ort des ersten Ausstellungsbesuchs möchte man natürlich seinen Hund in Topkondition bringen, auf den ersten Ausstellungstag richtig vorbereiten. Am besten stellt man sich eine spezielle »Ausstellungstasche« zurecht, die folgende Gegenstände enthält: Decke für Box und Käfig, festes Halsband, Ausstellungskette, Wasserschüssel, Desinfektionsmittel für die Ausstellungsbox, Pflegewerkzeug und Clip zur Befestigung der Ringnummer, außerdem Papiertücher. Den Hund sollte man allerspätestens am Vorabend der Ausstellung zuletzt füttern, je früher die letzte Fütterung am Vortag der Ausstellung war, umso besser. Dadurch verringern sich die Risiken, daß der Hund auf der Reise autokrank wird. Ist der Hund hungrig, ist er in Erwartung der ihm zustehenden Leckerbissen viel interessierter daran, zu gehorchen, sich zu präsentieren.

Die großen internationalen Hundeausstellungen haben für alle Hunderassen Ausstellungsboxen oder Käfige. Die Boxen für die größeren Rassen, zum Beispiel für Groß- und Kleinpudel, die Käfige für Zwergrassen einschließlich dem Zwergpudel. Alle Boxen und Käfige sind numeriert. In den meisten Ländern erhält man durch die Post Ausstellerpaß einschließlich Ausstellungsnummer, tierärztliche Vorschriften und allgemeine Hinweise. Die in den einzelnen Ländern unterschiedlichen tierärztlichen Anordnungen sind zu beachten, in der Regel werden Tollwutschutzimpfung, Staupeschutzimpfung, zuweilen amtstierärztliches Gesundheitszeugnis gefordert. Es ist wichtig, diese Papiere am Ausstellungseingang ordentlich vorweisen zu können.

Auf der Hundeausstellung

Direkt bei der Ankunft auf der Ausstellung erhält man den Ausstellungskatalog, die Ausgabestelle liegt zuweilen weit von der Hundebox. Man sucht seine Box oder seinen Käfig, desinfiziert diesen kurz mit einem Desinfektionsspray. Dann macht man es seinem Hund auf Decken oder Kissen so bequem wie möglich. Insbesondere sollte man darauf achten, daß der

Unten: *Ein weißer Großpudel gewinnt auf Crufts die Utility Group und wird gleichzeitig Gesamtgewinner der Kennel Club Junior Organisation Stakes 1987.*

Hund mit der richtigen Kettenlänge angebunden ist. Ist die Kette zu lang, könnte er auf den Boden springen und sich dabei würgen, auch kann es zu Problemen mit Besuchern kommen. Auch beim Käfig sollte man kontrollieren, ob der Verschluß sicher ist. Zusätzliche Sicherheit erhält man, indem man die Hundeleine mit der Käfigtür verknotet.

Als nächstes prüft man die Katalogeintragungen. Haben sich falsche Daten, zum Beispiel ein unrichtiges Geburtsdatum, falsche Klasse oder Verschreibungen des Namens ergeben, sollte man dies sofort bei der Ausstellungsleitung korrigieren. Als nächstes erkundigt man sich, wann etwa die Klasse, in welcher der Hund eingeschrieben ist, im Ring vorgestellt wird.

In Ruhe packt man – nicht am Ausstelgsring! – den Pflegetisch und die Pflegeutensilien aus, macht dann mit seinem Pudel einen gemütlichen und angenehmen Spaziergang über das Ausstellungsgelände. Dies gibt dem Hund Gelegenheit, sich an Lärm und Atmosphäre zu gewöhnen, dabei sollte er sich auch lösen. Es ist immer vernünftig, den Hund jedoch vor seinem Auftritt im Ausstellungsring nicht zu ermüden, nicht laufend durch das Gelände zu spazieren oder mit dem Hund vorzeitig am Ringrand Aufstellung zu nehmen. Je ausgeruhter der Hund zur Zeit des Richtens im Ring ankommt, desto besser wird er sich präsentieren.

Selbst wenn man vor der Ausstellung seinen Pudel ausgiebig und fachkundig für die Show vorbereitet hat, ist es dennoch nach einer längeren Reise notwendig, genügend Zeit einzuplanen, um den Hund nochmals völlig durchzubürsten und zu kämmen. Hierbei achtet man insbesondere auf den Haarschopf, die Bracelets, die Ohrfransen und den Pom-pom, legt letzte Hand an das Äußere an.

Im Ring

Rechtzeitig vor Aufruf der Klasse geht man ruhig zum vorgesehenen Ring. Wird die Klasse aufgerufen, tritt man in den Ring, läßt sich seine Ausstellungsnummer geben, man erhält sie in der Regel vom Ringordner. Diese Ringnummer befestigt man an dem mitgeführten Ringnummernclip, so daß Richter und Ausstellungsbesucher leicht den Hund anhand der Ringnummer identifizieren können.

Man stellt sich dann mit den anderen Ausstellern – meist entsprechend der Katalognummer – in einer Reihe auf, läßt möglichst viel Platz zu den übrigen Ausstellern und Raum nach vorn und hinten. Nun stellt man den Hund so auf, daß er ein möglichst gutes Bild bietet. Man achte darauf, daß Vorder- und Hinterläufe korrekt stehen, Kopf und Rute angehoben sind. Nun zahlt sich vorausgegangenes Ringtraining, Gewohntsein an das Kommando »Steh! – Bleib!« aus.

Jetzt ist es wichtig, stets ein Auge auf den Richter, das andere auf den Hund zu haben. Gewöhnlich geht der Richter zunächst einmal die ganze Linie der Hunde ab, prüft dabei die einzelnen Tiere kurz. Danach kommt es zur Einzelmusterung, wobei der Richter sich naturgemäß meist auf das vorgestellte Tier konzentriert. Während der Einzelmusterung kann man mit seinem Hund etwas abspannen, sein Tier ermuntern, bis man aufgerufen wird,

Ausstellungstips

RICHTIG

Man plant für die Anreise genügend Zeit ein.
Man hat Annahmekarte und tierärztliche Zeugnisse zur Hand.
Man hat immer ein Tuch im Auto.
Bei der Ankunft kauft man einen Katalog, überprüft die Eintragungen.
Man gibt seinem Hund zu trinken.
Man führt den Hund zum Lösen auf den Löseplatz.
Man läßt den Hund in der Box ausruhen.
Einige Zeit vor dem Richten bringt man das Haarkleid des Hundes in Ordnung.
Ohne Hast betritt man den Ausstellungsring.
Der Hund wird stets an der linken Seite geführt.
Man beobachtet den Richter und beachtet seine Hinweise.
Den Ring verläßt man erst nach Fertigstellung des Ringberichts.
Man sollte dem Sieger stets gratulieren, sich beim Richter bedanken.
Man sollte stets ein guter Gewinner, aber auch ein guter Verlierer sein.

FALSCH

Vergessen des Annahmescheins oder des Impfpasses.
Nervös oder überspannt sein.
Sich in den Ring stürzen.
Schlampige Kleider oder hohe Absätze tragen.
Sich zwischen Hund und Richter stellen.
Leckerbissen auf den Ringboden fallen lassen.
Quietschendes Spielzeug im Ring verwenden.
Sich zu nahe an Mitausstellern bewegen.
Den eigenen Hund mit anderen spielen oder raufen lassen.
Den Hund tadeln, wenn er unplaziert bleibt.
Zu lange den Hund unbeaufsichtigt in der Box lassen.
Vergessen, daß es immer wieder eine andere Hundeausstellung gibt.

auf dem Richtertisch zur Einzelprüfung des Richters aufgestellt zu werden. Nie sollte man mit dem Richter sprechen, werden Fragen gestellt, sollte man kurz antworten. Diese Fragen beziehen sich in aller Regel auf das Geburtsdatum des Hundes, das sollte man im Kopf haben.

Am Schluß der Standprüfung bittet der Richter den Aussteller, wie er den Hund in der Bewegung sehen möchte, gibt Anweisungen über den Bewegungsablauf.

Wie bereits auf Seite 105 ausgeführt, kann in der Regel der Richter bei einer Vorführung im Dreieck am besten die Bewegung von der Seite wie von vorn und hinten beurteilen. Der Richter weist an, in welcher Richtung er die Vorführung wünscht. Mit einem Wort der Ermutigung an seinen Hund setzt man sich in Bewegung, den Hund führt man an der linken Seite an loser Leine, geht voll Selbstvertrauen flott durch den Ring. Hat der Richter den Hund geprüft, stellt man sich mit den anderen Ausstellern wieder in die gleiche Linie. Nun hat man die Möglichkeit, den Hund zu loben, kann ausruhen, bis der Richter zum Schluß alle Hunde wieder sehen will. Dann werden alle Hunde nochmals in beste Stellung gebracht, bereit zur Endauswahl des Richters.

Die Plazierung

Abschließend erfolgt in aller Regel die Plazierung der Hunde 1–4. Wird der Hund plaziert, bleibt man in dieser Plazierung, bis man vom Ringsekretär seine Ausstellungsbeurteilung erhält. Auf dem Kontinent werden in aller Regel alle Hunde schriftlich besprochen, dies dauert einige Zeit, aber damit hat man die Gewähr, daß man auch die Beurteilung des Richters im einzelnen kennenlernt. Am Schluß, vor dem Verlassen des Rings, gratuliert man den Siegern, bedankt sich beim Richter und verläßt ruhig den Ring.

Wie schon im einzelnen dargestellt, gibt es eine Vielzahl von Hundeausstellungen mit unterschiedlich hartem Wettbewerb. Sei die Ausstellung aber groß oder klein, stets bietet sie die Gelegenheit, mit anderen Züchtern oder Ausstellern zu diskutieren, von ihnen zu lernen. Hundeausstellungen sind eine große Chance, andere Hundeliebhaber für die Rasse zu interessieren, und es macht Spaß, mit Menschen zusammen zu sein, die unser Hobby teilen, Hunde als ihre besten Freunde ansehen.

CRUFTS DOG SHOW

Ohne Übertreibung kann gesagt werden, daß Crufts Dog Show, alljährlich in London abgehalten, die berühmteste Hundeausstellung der Welt ist.

Bereits in den 70er Jahren des vergangenen Jahrhunderts organisierte Charles Crufts mit Instinkt und Geschick Hundeausstellungen, erstmals 1891 wurde eine solche Ausstellung »Crufts« genannt. Sie fand in London in der Royal Agricultural Hall Islington statt, trug den Titel: »Crufts Great International Dog Show«. Über die

Unten: *Ganz gleich, wie gut der Hund zu Hause zurechtgemacht wurde, auf der Ausstellung sind immer noch letzte Handgriffe notwendig. Dieser hübsche weiße Pudel genießt offensichtlich die Pflege seiner Herrin.*

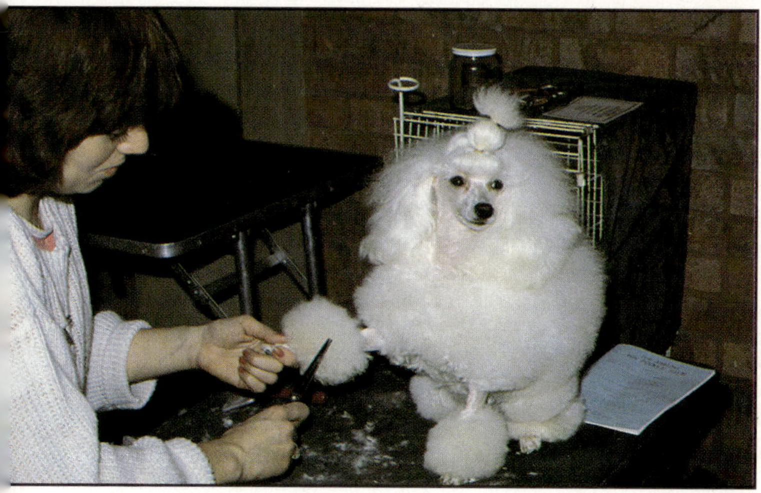

erste Crufts gibt Mrs. Crufts folgende Informationen: »Anwesend waren 2000 Hunde mit 2500 Klassenmeldungen, es gab 473 Klassen, es amtierten 20 Richter... Die Crufts Show in Islington errang schnell internationale Anerkennung, wurde mit Ausnahme einer Unterbrechung in den Jahren 1918–1920 alljährlich abgehalten.«

Im Jahre 1942 erreicht Mrs. Crufts ein Abkommen mit dem englischen Kennel Club. Unter Aufrechterhaltung des Namens »Crufts« wurde zukünftig der Kennel Club für die Ausstellungen verantwortlich. Nach den Kriegswirren wurde die erste Crufts Show unter der Leitung des Kennel Clubs am 14. und 15. Oktober 1948 in der Olympia Hall in London abgehalten.

Auf dieser Veranstaltung wurden 4273 Hunde in 918 Klassen mit insgesamt 9412 Klassenmeldungen vorgestellt. Die Reaktion der Öffentlichkeit war unglaublich, 50 000 Besucher aus England und vielen Ländern der Welt besuchten diese Ausstellung.

Pudel auf Crufts

1948 waren Groß- und Kleinpudel die einzigen anerkannten Pudelschläge, Miss Lavinia Graham Weall richtete beide Rassen. Beim Großpudel gewann der silberfarbene Ch. Ravenslea Phantom of Toytown im Besitz von Mr. G. Sand, gezüchtet von Mrs. Sine Fordham das Rüden-CC, die silberfarbene Pudelhündin Peaslake Fairey Firefly war beste Hündin, im Besitz und gezüchtet von Mrs. E. Hilliard. Bei den Kleinpudeln ging das Rüden-CC an den schwarzen Ch. Top Hat of Piperscroft, im Besitz und aus der Zucht von Mrs. G. L. Boyd, beste Hündin war die schwarze Ch. Braeval Brioche, Besitz und Zucht von Mrs. P. Austin Smith.

Seit 1928, als erstmals auf Crufts der Titel Best in Show verliehen wurde, haben insgesamt vier Pudel diese höchste Ehre erzielt, zwei Großpudel und zwei Zwergpudel. 1955 wurde der braune Großpudel Ch. Tzigane Aggri of Nashend Best in Show, er stammte aus der Zucht von Mrs. A. Proctor, gehörte Joan Eddie. 1966 erreichte diesen Titel der apricotfarbene Zwergpudel Oakington Puckshill Amber Sunblush, im Besitz von Clare Coxall, gezüchtet von Mrs. M. Dobson. Fast zwanzig Jahre später siegte 1982 ein weiterer Zwergpudel, der braune Ch. Grayco Hazlenut, Besitz und Zucht von Mrs. Howard. 1985 wurde Ausstellungssieger der schwarze Großpudel Ch. Montravia Tommy Gun, gezüchtet von Clare Coxall, im Besitz von Miss Marita Gibbs.

Die Anziehungskraft von Crufts setzte sich fort, die jährlichen Meldezahlen stiegen schnell von Jahr zu Jahr. Erstmals 1977 mußte der Kennel Club hier Einschränkungen vornehmen. In diesem Jahr waren Pudel, nur dann zur Crufts zugelassen, wenn sie im Jahr zuvor auf einer Championship Show in den Zuchtklassen zumindest einen ersten, zweiten oder dritten Preis errungen hatten oder bereits den Titel Champion trugen.

Zulassungsbestimmungen auf Crufts

1. Pudel mit dem Titel Champion.
2. Zum Termin des Meldeschlusses muß die Qualifikation zur Eintragung in das Kennel Club Stud Book vorliegen, Voraussetzung hierfür sind Plazierung eins, zwei und drei auf CC-Ausstellungen in den Klassen Limit oder Open oder die Vergabe eines CCs oder Reserve CCs.
3. Außerdem erfolgt Zulassung, wenn die Hunde auf CC-Ausstellungen in folgenden Klassen einen ersten Platz erzielt haben: Minor Puppy; Puppy; Junior; Post Graduate.
4. Zugelassen sind alle Pudel, die im vorangegangenen Jahr auf Crufts in einer Zuchtklasse einen ersten Preis zugesprochen erhielten.

Unten: *Internationale Endausscheidung im »Junior Handling« auf Crufts 1987. Frances Hurley aus Jersey gewann mit Vorführen dieses weißen Zwergpudels den dritten Preis.*

Oben: *Ch. Aedean Twice as Nice beim Gewinn des zweiten Platzes (Reserve) der Utility Group auf Crufts 1987. Ein wunderschöner, gut ausbalancierter Toypudel, der hervorragend vorgestellt wird.*

Unten: *Großpudel Ch. Montravia Tommy Gun mit der Curfts Trophy 1985 für »Best in Show«. Tommy Gun ist Rekordhalter aller drei Pudelschläge mit dem Gewinn von insgesamt 53 Challenge Certificates (CC).*

Abkürzungen

AKC	American Kennel Club
ANKC	Australian National Kennel Club
AOC	Any other Colour
B	Bitch
BIS	Best in Show (Bester der Ausstellung)
BOB	Best of Breed (Rassebester)
BOS	Best Opposite Sex
CAC	Certificat d'aptitude au Championat de Beauté
CACIB	Certificat d'aptitude au Championat internal de Beauté
CC	Challenge Certificate
CD	Companion Dog (USA)
Ch	Champion
D	Dog (Rüde)
FCI	Féderation Cynologique Internationale
IntCh	Internationaler Champion
JW	Junior Warrant
KC	Kennel Club
OBCh	Obedience Champion
ÖKV	Österreichischer Kynologenverband
P	Puppy (Junghund)
ResCC	Reserve Challenge Certificate
SKG	Schweizerische Kynologische Gesellschaft
VDH	Verband für das Deutsche Hundewesen
WS	Weltsieger

Nationale Hundezuchtorganisationen

Australien Australien National Kennel Council, Royal Show Grounds, Ascot Vale, Victoria
Belgien Societé Royale Saint Hubert, Avenue de l'Armee 25, B-1040 Brüssel
Canada Canadian Kennel Club, 2150 Bloor Street West, Toronto M6S M8 Ontario
Deutschland Verband für das Deutsche Hundewesen e. V., Westfalendam 174, D-4600 Dortmund 1
FCI Fédération Cynologique Internationale, 12 Rue Leopold II, B-6530 Thuin
Frankreich Societé Centrale Canine, 215 Rue St. Denis, F-75083 Paris
Großbritannien The Kennel Club, 11 Clarges Street, London W1Y 8AB
Holland Raad van Beheer op Kynlogisch Gebied in Nederland, Emmalaan 16, NL-1007 A.X. Amsterdam Z.
Irland Irish Kennel Club, 23 Earlsfort Terrace, Dublin 2
Italien Internationale Della Cinofilia Italiana, Viala Premuda, I-21 Milano
Luxemburg Union Cynlogique Saint Hubert du Grand-Duché de Luxembourg Rue Huberty 42, L-Luxembourg
Neuseeland New Zealand Kennel Club PO Box 19-101. Arow Street, Wellington
Österreich Österreichischer Kynologen-Verband, Joh.-Teufel-Gasse 8, A-1238 Wien
Schweiz Schweizerische Kynologische Gesellschaft, Falkenplatz 11, CH-3012 Bern
Spanien Real Sociedat Central de Formento de las razas en Espana, Los Madrazo 20, Madrid 14
USA The American Kennel Club, 51 Madison Avenue, New York, 10010 NY

Pudel Clubs

UK The Poodle Council (a representative body of all Poodle clubs in the UK), Mrs S M Coupe, »San Juan«, Doddinghurst Road, Doddinghurst, Brentwood, Essex; British Toy Poddle Club, Mrs S Cox, White Oak, Ducks Hill Road, Northwood, Middlesex; International Poddle Club Mrs. K Rees, The Well House, Binfield Heath, Henley-on-Thames, Oxon
US Poodle Club of Long Island, 203 Fairfield Avenue, Carle Place, New York; Washington Poodle Club, 1225 Potomac Street, NW Washington DC; Poodle Club of Southern California 419, North Leland Street West Covinia, California; Heart of America Poodle Club, Route 1 Box 101, Dearborn, Missouri; The William Penn Poodle Club, 607 Meadow Lane, Oreland, Pennsylvania
Deutschland Deutscher Pudel-Club e. V., Kattunbleiche 35, 2000 Hamburg 70, (0 40) 68 60 48; Pudel-Zucht-Verband 82 e. V., Alter Weg 3, 5241 Niederdreisbach, (0 27 43) 20 09; Verband der Pudelfreunde Deutschland e. V., Dorfstr. 27, 2055 Wohltorf, (0 41 04) 20 95; Allgemeiner Deutscher Pudelclub e. V., Lothstr. 90, 8000 München 40, (0 89) 18 66 52
Österreich Österreichischer Club der Pudelfreunde, In der Gugl 6, A-3400 Klosterneuburg (0 22 43) 29 81
Schweiz Schweizerischer Pudel-Club, Wildparkstr. 253, CH-4656 Wil bei Olten, (0 62) 35 29 58
Belgien Belgische Poedelclub, Leopold Nantierlaan 83, B-1960 Sterrebeek, (02) 7 31 25 71
Dänemark Dänischer Pudelklubben, Saltbaek Ringvey 1, Dk-4400 Kalundborg (03) 50 24 53
Holland Nederlandse Poedelklub, Essenrode 17, NL-2215 LP Voorhout

Bibliographie

Erziehung
»Einmaleins der Hundeerziehung«, Heinz Gail, KYNOS 1989
»Die Abrichtung des Hundes«, Konrad Most, KYNOS 1988
»Hunde ABC, Erziehungsfibel vom Welpen zum Jährling«, Jill Airy, KYNOS 1987

Haltung und Pflege
»Einmaleins der Hundehaltung«, Andrew Edney Roger Mugford, KYNOS 1989
»Der große Hundeknigge«, Gudrun Beckmann, KYNOS 1987
»KYNOS Trimm- und Pflegefibel«, Renate Dolz, KYNOS 1989

Verhaltensforschung
»Die unsichtbare Leine«, Myrna M. Milani, KYNOS 1988
»Mensch und Hund«, Eberhard Trumler, KYNOS 1988
»Das Jahr des Hundes«, Eberhard Trumler, KYNOS 1984
»Der schwierige Hund«, Eberhard Trumler, KYNOS 1986

Zucht
»Die Technik der Hundezucht«, Dieter Fleig, KYNOS 1987

Hundefotografie
»Hundefotografie – Der Weg zum Spitzenfoto«, Sally Anne Thompson, KYNOS 1989
»Hunde nicht ganz ernst genommen«, Barbara Zimmermann, KYNOS 1987

Reprints
»Geschichte und Beschreibung der Rassen des Hundes«, Ludwig Beckmann (1894/5), KYNOS 1984
»Die deutschen Hunde«, Richard Strebel KYNOS 1986

Rettungshunde
»Such und Hilf-Hunde retten Menschenleben«, Angela Wilfried Heines, KYNOS 1989

Rasseportraits
Umfang ca. 300 Seiten, davon 100 Bildseiten. Profilierte Kenner portraitieren ausführliche »ihre Hunderasse«.
»Schnauzer-Pinscher«, Räber
»Westhighland White Terrier«, Peper
»Deutsche Dogge«, Nouc
»Golden Retriever«, Busch
»Airedale Terrier«, Bardeleben
»Spaniel«, Beyersdorf
»Boxer«, Weisse

Fortsetzung von Seite 102

trächtigen. Es gibt auch weiße Pudel, deren helle Haut ein trüffelhaftes Aussehen zeigt; nicht nur an den Innenseiten, sondern auch an anderen Körperstellen. Dies wird nicht als Fehler angesehen.

Die allgemeine Pigmentierung ist in ihrer Intensität von Bedeutung bei den Augenlidern, dem Nasenspiegel, den Lefzen, dem Zahnfleisch, dem Gaumen, den Schleimhäuten, den natürlichen Öffnungen, dem Hodensack, den Ballen. Sie muß schwarz sein bei schwarzen, weißen und silberfarbenen Hunden, dunkelbraun bei braunen Hunden. Bei den apricotfarbenen muß sie einheitlich sein und so dunkel wie möglich, in allen Farbtönungen von dunkelbraun bis zum Schwarz, ohne daß letztere Farbe bevorzugt wird. Bei den »Apricots« wird sie akzeptiert, um einen möglichen Pigmentverlust zu vermeiden.

VII. Größe

1. Großpudel: über 45 cm bis 58 cm.
   Der Großpudel muß die vergrößerte Reproduktion des Kleinpudels sein, dessen Aussehen haben und die gleichen Eigenschaften aufweisen.
2. Kleinpudel: über 35 bis 45 cm.
3. Zwergpudel: über 28 cm bis 35 cm.

Der Zwergpudel muß in seiner Gesamtheit das Aussehen eines größenmäßig reduzierten Kleinpudels haben mit den weitgehendst gleichen Proportionen; er darf aber keine Zeichen von Zwergwuchs aufweisen.

4. Toy-Pudel: unter 28 cm (erstrebte Idealgröße 25 cm).
   Der Toy-Pudel bietet in seiner Gesamtheit das Aussehen eines Zwergpudels und die gleichen allgemeinen Maßstäbe, wie sie allen Erfordernissen des Standards entsprechen. Jedes Vorhandensein von Zwergwuchs ist ausgeschlossen; lediglich der Hinterhauptstachel kann weniger ausgeprägt sein.

Kynos Kleine Hundebibliothek